Zwei Beiträge zum materiellen Ziviljustizrecht.

I. Über Begriff und Bedeutung des materiellen Ziviljustizrechts.

II. Über die Behandlung der Rechtsschutzvoraussetzungen im Prozeß.

Von

Dr. James Goldschmidt,
a. o. Professor der Rechte an der Universität Berlin.

Sonderabdruck aus der Festschrift der Berliner Juristenfakultät für Heinrich Brunner.

München und Leipzig.
Verlag von Duncker & Humblot.
1914.

Zu beachten: Die Verweisungen in den Anmerkungen beziehen sich auf die Seitenzahlen der Festgabe.

Erster Beitrag.

Über Begriff und Bedeutung des materiellen Ziviljustizrechts.

I.

In der Abhandlung „Materielles Justizrecht (Rechtsschutzanspruch und Strafrecht)"[1]) habe ich versucht, den Rechtsschutzanspruch, dessen Charakterbild in der Rechtssystematik hin und her schwankt, als materielles Justizrecht zu konstruieren. Diese Konstruktion hat die Billigung Degenkolbs[2]), Seckels[3])

---

[1]) Sonderabdruck aus der Festgabe für Bernhard Hübler, 1905, insbesondere § 2 daselbst.

[2]) Beiträge zum Zivilprozeß, 1905, Nachtrag zu I: „Der Streit über den Klagrechtsbegriff". Vgl. dens. schon selbst ebenda, S. 11: „Selbstverständlich sind alle privatrechtlich gefaßten Klagrechtsbegriffe unprozessual, aber es finden sich unprozessuale Klagrechtsbegriffe auch innerhalb der publizistischen Klagrechtstheorien. Dahin rechne ich, obwohl er von seinen Anhängern mit besonderem Nachdruck als prozessualisch bezeichnet wird, vor allem den Wachschen konkreten Urteilsanspruch oder, wie Hellwig ihn nennt, das konkrete Klagrecht". Ferner dens. S. 20 ff., S. 57 Anm. 2, S. 88, 89 und insbes. S. 90: Es sei ein „willkürlicher Schluß", eine „petitio principii", den Rechtsschutzanspruch, „weil nicht privatrechtlich, notwendig prozessualisch" aufzufassen. — Die umgekehrte „petitio principii", nämlich die, das Klagrecht, weil „nicht prozessualisch, notwendig privatrechtlich" aufzufassen, liegt übrigens zugrunde, wenn Weismann, Lehrb. d. deutsch. Zivilprozeßrechts, II, 1905, S. 11 Anm. 13; R. Schmidt, Lehrb. d. dtsch. Zivilprozeßrechts, 2. Aufl., 1906, S. 19 Anm. 3, u. Chiovenda, Principii di diritto process. civ., 2. ed., 1908, S. 38 Anm. 2, meine Klagrechtstheorie als der Weismanns und Chiovendas von der privatrechtlichen Klagbefugnis nahe stehend ansprechen; vgl. dazu unten S. 112 Anm. 1.

[3]) Gedächtnisrede auf Konrad Hellwig, Berlin 1913, S. 22 ff.

und besonders Kipps¹) gefunden. Dagegen meint Stein²), ob meine Konstruktion „vom Standpunkt der Systematik richtig" sei, könne „offen bleiben, praktisch" sei dieselbe „unseren Gesetzen gegenüber, die nur Privat- und Prozeßrecht trennen, unbrauchbar." Und Hellwig³) erklärt, nicht einzusehen, was mit der neuen „Formel" „gewonnen" sein solle; der Begriff des „materiellen Justizrechts" sei vielmehr „willkürlich und verengere den Begriff des Prozeßrechts in unzulässiger und undurchführbarer Weise." Und ferner⁴): Die „Kategorie" „materielles Justizrecht", das weder „Privat- noch Prozeßrecht sein" solle, umgehe „die streitige Frage", löse „sie aber nicht⁵)."

---

¹) Zu Windscheids Pandekten I, 9. Aufl., 1906, S. 617; in dem Vortrag „Heinrich Dernburg", 1908, S. 25, und bes. in der Festschrift der Berl. Jur. Fak. für F. v. Martitz, 1911, S. 213 ff., 219. Zustimmend auch v. d. Trenck, Urteile mit rechtsschöpferischer Kraft, 1912, S. 71 Anm. 17, S. 116 ff., 128.
²) Z.P.O. I, 8. u. 9. Aufl., 1906, S. 548 Anm. 46, vor § 253; 10. Aufl., 1911, S. 586 Anm. 72, vor § 253. Vgl. auch Förster-Kann, Z.P.O., I, S. 611; Kohler, Enzykl., 7. Aufl., III S. 260 Anm. 1; Kuttner, Urteilswirkungen außerhalb des Zivilprozesses, 1914, S. 19 Anm. 7 (mit terminolog. Bedenken).
³) Lehrb. d. dtsch. Zivilprozeßr. II, 1907, S. 10 Anm. 3 a. E.
⁴) System d. dtsch. Zivilprozeßr. I, 1912, § 110 Anm. 16. Gegen Hellwig v. d. Trenck, a. a. O., S. 121 Anm. 26, S. 128 Anm. 52.
⁵) Vgl. auch Krückmann, Jahrb. f. Dogm. LVII 93; Einführung, S. 188 ff. — Wenn Hellwig, Lehrb. II, S. 10 Anm. 2 a. E., anführt, ich verweise neben dem „zivilen Rechtsschutzanspruch" auch den „strafrechtlichen" in das „materielle Justizrecht", so liegt hier wohl ein Mißverständnis zugrunde. Einen „strafrechtlichen Rechtsschutzanspruch", in dem Sinne des von Hellwig a. a. O. aufgestellten und dem abstrakten Strafklagrecht einerseits, dem materiellen Strafrecht andererseits entgegengesetzten konkreten „Strafverfolgungsrechts", erkenne ich überhaupt nicht an. Für mich ist das konkrete „Strafverfolgungsrecht" nur die erste Stufe des materiellen staatlichen Strafrechts selbst und wie dieses, was auch Hellwig a. a. O. annimmt, durch die Gerichte auszuüben. Seine Ausübung allerdings wird ausgelöst durch Geltendmachung eines dem Staate, repräsentiert durch die Staatsanwaltschaft, oder dem Verletzten zustehenden konkreten „Anklagerechts". Aber — wie schon hieraus erhellt — auch dieses konkrete „Anklagerecht" steht zum Strafrecht nicht wie der „Rechtsschutzanspruch" zum Privatrecht, vielmehr nur wie der Rechtsschutzanspruch zu der konkreten Rechtschutzgewalt des Richters gegenüber dem Beklagten, die jetzt auch Degenkolb a. a. O. S. 57 als „das notwendige Komplement" des Rechtsschutzanspruches anerkennt. Und da das konkrete „Anklagerecht" im Strafjustizrecht dogmatisch ebenso hinter seinem Komplement, dem richterlichen Strafrecht, zurücktritt, wie umgekehrt im Ziviljustizrecht die konkrete richterliche Rechtsschutzgewalt hinter dem Rechtsschutzanspruch, so ist dem „zivilen Rechtsschutzanspruch" das Strafrecht selbst als „materielles Justizrecht" zu parallelisieren. Ich muß für alles

Daß unsere Gesetze — oder vielmehr Gesetzgeber — nur
die Begriffe Privat- und Prozeßrecht kennen und trennen, mag

weitere auf meine Ausführungen, Materielles Justizrecht, §§ 3—5, Bezug
nehmen. M. E. durfte gerade Hellwig, der zutreffend erkennt, daß das
staatliche Strafrecht durch die Gerichte ausgeübt wird, nicht annehmen, das
Strafrecht stehe zum Anklagerecht ebenso wie das Privatrecht zum Rechtsschutzanspruch. — Das Hellwig gegenüber Ausgeführte gilt auch gegenüber
Beling, insoweit dieser in seiner Abhandlung „Revision wegen Verletzung
einer Rechtsnorm über das Verfahren im Strafprozeß" (S.-A. aus der Festgabe
für Karl Binding, 1911), S. 48 Anm. 2, meint, ich ließe das Strafrecht aufgehen in einen „Katalog der materiellen Bedingungen des strafprozessua-
lischen Rechtsschutzanspruchs". Ich erkenne einen „strafprozessua-
lischen Rechtsschutzanspruch" so wenig an wie einen „strafrechtlichen". Für
mich ist — ich muß wieder auf das schon, Materielles Justizrecht, S. 31, 32,
Gesagte verweisen — das Strafrecht selbst Rechtsschutzgewalt, d. i. Ge-
walt zum Schutze objektiven Rechts, also eines Rechtsschutzanspruches weder
fähig noch bedürftig. Im übrigen verstehe ich nicht, wie Beling a. a. O.
meine Feststellung, daß das Strafrecht durch Strafverurteilung und Strafvollstreckung ausgeübt wird, dadurch widerlegen zu können glaubt, daß er
darauf hinweist, für den Strafrichter (z. B. in den §§ 164, 186 u. 241 Str.G.B.),
den Disziplinarrichter und den bürgerlichen Rechtsverkehr könne das „Straffälliggewordensein" selbständige Erheblichkeit erlangen. Es soll hier ganz
dahingestellt bleiben, ob man eine Erscheinung aus ihrer Regelform oder ihren
Ausnahmeformen zu erklären hat. Aber was hat überhaupt die juristische
Erheblichkeit der Tatsache, daß ein Recht entstanden ist, mit der Frage
zu tun, wie es ausgeübt wird? Warum soll nicht die Tatsache, daß der
Strafrichter befugt wäre einzuschreiten, unter Umständen selbständig erheb-
lich sein können? Was heißt denn Belings „Straffälliggewordensein" anderes
als „dem Strafrichter verfallen sein"? Schon einmal, in Goltd.A. Bd. 54
S. 39, habe ich Beling gegenüber konstatiert, daß auch nach meiner Straf-
rechtsauffassung für die Relation der „Strafbarkeit" Raum ist. Auch nach
meiner Auffassung ist das Strafrecht im Gegensatz zum Prozeßrecht „primäres"
Recht — wenn Beling so will — wie das bürgerliche Recht. Was es von
diesem im Verhältnis zum Prozeßrecht m. E. unterscheidet, ist, daß es nicht
erst wie dieses zum Zwecke seiner prozessualen Realisierung der Umsetzung
in ein subjektives öffentliches Recht bedarf, sondern ein solches schon ist.
Das Strafgesetzbuch ist eben, um an die anschauliche Gegenüberstellung bei
Kipp (Festschrift für v. Martitz a. a. O. S. 213) anzuknüpfen, anders als das
Bürgerliche Gesetzbuch, von vornherein „justizrechtlich" geschrieben (was
allerdings auch Kipp a. a. O. nicht beachtet, während umgekehrt Krückmann,
Jahrb. f. Dogm. LVII 30 ff., Einf. S. 120 ff., 186 ff., und Binder, Rechtsnorm u.
Rechtspflicht, 1912 — dieser trotz seines Protestes S. 12 —, auch das Privatrecht
im Justizrecht aufgehen lassen). Daß dieser dogmatische Unterschied tief im
Unterschied des Wesens beider Rechte wurzelt, habe ich an anderer Stelle
(Mater. Just.R. S. 32) ausgeführt. Die systematische Trennung von materiellem
und prozessualem Strafrecht bleibt deshalb doch auch für mich ein Fortschritt,
und nicht ist von meinem Standpunkt, wie Beling a. a. O. meint, die Systematik
der Carolina vorbildlich. Daß ihr ein richtiger Kern innewohnt, hat übrigens

richtig sein. Aber die Bezeichnung einer Vorschrift als privat- oder prozeßrechtliche in einem Gesetz ist als reine Konstruktion unverbindlicher Gesetzesinhalt und steht richtigerer theoretischer Begriffsbildung nicht im Wege. Steins Argument beweist also nichts gegen die praktische Brauchbarkeit meiner Theorie. Für diese ist allein entscheidend, ob die Theorie mit dem **positiven** Gesetzesinhalt in Einklang steht und ihn auf allgemeine Prinzipien zurückzuführen vermag. Daß dies der Fall ist, behaupte ich. Soviel ist jedenfalls sicher: Steins Theorie von der **prozeßrechtlichen** Natur des Rechtsschutzanspruches gerät mit dem positiven Gesetzesinhalt auf Schritt und Tritt in Widerspruch. Oder ist es etwas anderes, wenn Stein den unzweifelhaft verbindlichen Gesetzesinhalt, daß die **Klagbarkeit** eines Anspruches[1]), aber auch die **materielle Beweislast**[2]), die

---

meines Wissens noch niemand bestritten. — Das **Beling** gegenüber Gesagte gilt auch gegenüber **Baumgarten**, Aufbau der Verbrechenslehre, 1913, S. 29 bis 31. **Baumgarten** meint noch (S. 31): „Man müßte annehmen, daß die Wissenschaft das Recht nicht als eine das soziale Leben beherrschende Macht, sondern als eine Quelle von Beamteninstruktionen zu erfassen habe, um den Begriff eines neben dem richterlichen Recht auf (es muß heißen: zur) Strafe bestehenden Strafrechts leugnen zu können. So spielt der Kampf der Meinungen zuletzt auf ein Gebiet hinüber, auf dem wir ihn an diesem Ort nicht völlig zum Austrag zu bringen vermögen." **Baumgarten** scheint damit behaupten zu wollen, daß die Auffassung des Strafrechts als „materielles Justizrecht" die Annahme prädiziere, daß das Strafrecht sich nur an den Richter, nicht aber an das Volk wende (M. E. **Mayer**, Rechtsnormen u. Kulturnormen; **Binder**, Rechtsnorm u. Rechtspflicht, S. 23 ff.). Das ist unrichtig. Mit der Kontroverse über die Imperativennatur des Strafrechts und seinen Normadressaten (vgl. darüber vor allen **Binding**, Normen, I, 2. Aufl., S. 7 ff.) hat die Theorie des materiellen Justizrechts nichts zu tun. Sie konstatiert nur, daß die **staatlichen** Rechte bzw. Pflichten, welche durch die Sätze des materiellen Justizrechts normiert werden, durch den **Richter** auszuüben bzw. zu erfüllen sind. Speziell die Inanspruchnahme des Strafrechts als materielles Justizrecht besagt nur, daß das staatliche jus puniendi durch den Richter auszuüben ist. Ob der Strafrechtssatz sich nur, ob er sich überhaupt an den Richter wendet, ob er ein Imperativ ist, darüber besagt jene Theorie schlechterdings nichts. Daß aber ein Rechtssatz, der ein subjektives Recht der staatlichen Justizgewalt normiert, eine „das staatliche Leben beherrschende Macht" ist, wird **Baumgarten** nicht bestreiten wollen. Oder sollte er die staatliche Justizgewalt nicht als einen Hauptfaktor des „sozialen Lebens" anerkennen? Vgl. über die ganz analoge Frage nach dem Adressaten der Normen des materiellen Ziviljustizrechts **Kipp**, Festgabe a. a. O. S. 214; **Krückmann**, Jahrb. f. Dogm. LVII 30 ff.; Ziv.Arch. CVIII 370; Einf. S. 188; unten S. 120 Anm. 3.

[1]) Kommentar, 10. Aufl., I 586, Nr. IV vor § 253; ders., Über Voraussetzungen des Rechtsschutzes, insbes. bei der Verurteilungsklage, S.-A. aus

Vermutungen¹) und die materielle Rechtskraft²) sich nach materiellem Recht bestimmen, nur vermöge eines „theo-

der Festgabe für Fitting, 1903, S. 27 ff. — Wach, Hdb. I 122, 123, will freilich die „sogen. Klagbarkeit" eines Rechts unterscheiden von dessen „Erzwingbarkeit im Sinne des Rechtsschutzanspruches" und jene als „zivile Eigenschaft" dem Privatrecht zuteilen. Indessen schon Hellmann, Jahrb. f. Dogm. XXXI 117, 118, und Langheineken, Der Urteilsanspruch, 1899, § 5 III Anm. 18, § 11 II 3b Anm. 2, haben ausgeführt, daß diese Unterscheidung mit der Lehre vom Rechtsschutzanspruch unvereinbar sei. Für Wach ist Hellwig, Anspruch und Klagrecht, S. 13 Anm. 22, eingetreten, zunächst nur im Hinblick auf die gemeinrechtliche obligatio naturalis, sodann aber auch in bezug auf das moderne Reichsrecht, indem er Sätze, wie §§ 1297, 1394 B.G.B., dem Privatrecht zuweist, weil sie in Form der Versagung der Klagbarkeit eine „zivilistische Unvollkommenheit" des Anspruches statuierten; so Hellwig, Anspruch und Klagrecht, S. 124; System I, § 100 II (bezüglich § 1394 B.G.B. unter Aufgabe der Ansicht in „Anspruch und Klagrecht", S. 125). In Wahrheit wird mit Einführung dieser Art von „zivilistischer Unvollkommenheit" neben der „Erzwingbarkeit im Sinne des Rechtsschutzanspruches" dieser letztere Begriff, wenn nicht unter Rückkehr zur privatrechtlichen Klagbefugnis glatt preisgegeben, so doch auf die Bedeutungslosigkeit herabgedrückt, die er nach der Auffassung O. Geibs, Rechtsschutzbegehren und Anspruchsbetätigung im Deutschen Zivilprozeß (1909) hat. Auf alle Fälle wird ein den Kredit der prozeßrechtlichen Auffassung des Rechtsschutzanspruches bedenklich gefährdender Notausgang eröffnet, der ihren Vertretern gestattet, sich mit dem die Klagbarkeit als materiell ansehenden Recht abzufinden. Es ist übrigens eine durch nichts begründete Zwiespältigkeit, Sätze, wie §§ 1297, 1394 B.G.B., trotz ihres Wortlautes als Fälle „zivilistischer Unvollkommenheit" aufzufassen, die zu einer Abweisung als „unbegründet bezüglich der Hauptsache" führen (Hellwig, System I, §§ 98 II 2a β, 100 II 2, 102 I 2), dagegen die prozessuale Bedeutung anderer Fälle unzweifelhafter zivilistischer Unvollkommenheit, wie die Ausübung dilatorischer Einrederechte, auf das Gebiet des „Rechtsschutzgrundes" zu verlegen (Hellwig, System I, §§ 100 II 1, 102 I 2b). Reichel, Unklagbare Ansprüche, S.-A. aus d. Jahrb. f. Dogm. LIX, LX, S. 25, der den Kreis unklagbarer Ansprüche außerordentlich eng zieht, hält denn auch gerade den Fall des § 1394 B.G.B. für einen echten Fall der Unklagbarkeit. Aber warum ist die in § 1297 B.G.B. statuierte „Unvollkommenheit" des Anspruches auf Eingehung der Ehe „zivilistischer" als die in § 888 Abs. 2 Z.P.O. statuierte, die Hellwig (System I, § 100 II 2) für prozeßrechtlich erklärt? (ebenso freilich O. Geib a. a O. S. 214, 215; Reichel a. a. O. S. 17, 11). Entweder enthält in beiden Vorschriften die Versagung der „prozessualen Folge" (so Hellwig) eine „zivilistische Unvollkommenheit" oder in beiden nicht. In Wahrheit gehören beide Vorschriften nach Form und Inhalt dem materiellen Justizrecht an. Auch v. Tuhr, Allg. Teil I, 1910, S. 97, 258, 261 Anm. 86, scheint jedenfalls beide Vorschriften auf eine Stufe stellen zu wollen.

²) A. a. O. IV 3 zu § 282.
¹) I zu § 292.
²) III zu § 322.

retischen Irrtums" des Gesetzes zu erklären weiß? Gerade bezüglich der Beweislast erklärt jetzt Kipp[1]: „Die Grundsätze der Beweislast sind justizrechtlich: ihnen die rechte Stellung gewonnen zu haben, ist ein wesentlicher Gewinn der justizrechtlichen Theorie. Wenn man früher mit Wach, Gaupp-Stein und anderen die Beweislast in das Prozeßrecht stellte, so war das ebenso unrichtig, wie wenn man sie mit Franz Leonhard dem materiellen Privatrecht überwies. Sie gehören nicht zum Prozeßrecht, weil durch den Inhalt der beigebrachten Beweise über das materielle Rechtsverhältnis nicht das prozessuale Verfahren, sondern der Inhalt des Urteils bedingt wird. Sie gehören nicht in das Privatrecht, weil nicht das Verhalten der privaten Partei, sondern der Inhalt des richterlichen Urteils durch die zu erbringenden Beweise beeinflußt wird"[2]). Und

---

[1]) a. a. O. S. 219.
[2]) Kipp a. a. O. S. 218 u. 219 stützt die Verweisung der materiellen Beweislast in das materielle Justizrecht auf die Feststellung, daß die justizrechtlichen Rechte und Pflichten, im Gegensatz zu den privatrechtlichen, nicht nur auf der „Tatsache", sondern auf dem „Nachweis" ihrer Voraussetzungen beruhten. Dagegen habe ich im Anschluß an Wach daran festgehalten, daß auch die justizrechtlichen Rechte und Pflichten nicht von der „Evidenz", sondern von der „Existenz" ihrer Voraussetzungen abhängig seien (Mater. Justizrecht, S. 25; Ungerechtfertigter Vollstreckungsbetrieb, 1910, S. 26 Anm. 12). Ich glaubte zu dieser Annahme sogar noch mehr als Wach berechtigt und verpflichtet zu sein, weil ich den Rechtsschutzanspruch nicht als prozessuales, sondern als materielles Recht auffasse (Ungerechtfertigter Vollstreckungsbetrieb, S. 26 Anm. 12). Der Gegensatz löst sich bei näherer Überlegung dahin, daß die Nachweisbarkeit des Rechtsschutzanspruches Voraussetzung seiner Ausübbarkeit, also, um mit Hellwig zu sprechen, „prozessuale Klagevoraussetzung" ist; vgl. in der Tat Hellwig, System I, § 98 II 2 b. Daraus folgt aber: Die allgemeine Norm, daß die Voraussetzungen des Rechtsschutzanspruches dem Richter nachgewiesen werden müssen, ist eine prozessuale. Die besonderen Normen aber, was im Einzelfalle dem Richter nachgewiesen werden muß, d. h. was im Einzelfalle Voraussetzung des Rechtsschutzanspruches ist, kurz die Normen über materielle Beweislast, sind materielljustizrechtliche. Die von Stein, IV 3 zu § 282 Z.P.O., so sehr verdammte Gewohnheit unserer Gesetze, „statt der Bedeutung für den Tatbestand die Beweislast selbst unmittelbar zu regeln", die „Zuschneidung der Privatrechtssätze auf den Prozeß", das „leidige Erbstück des römischen Rechts", ist also nichts anderes als die Ersetzung der rein privatrechtlichen Betrachtungsweise von Tatbestand und Tatbestandshemmung, die oft recht abstrakt und doktrinär wirkt, durch die materielljustizrechtliche vom Beweisthema, die vielfach weit anschaulicher wirkt. Gewiß brauchen die Grundsätze über die Stellung im Tatbestand und in der Beweislast sich nicht zu decken, so wenig wie die Grundsätze über Anspruch

Kuttner[1]) teilt jetzt ausdrücklich die **Vermutungen** dem materiellen Justizrecht zu[2])[3]).

und Klagrecht. Aber regelmäßig ordnet der Gesetzgeber mit der Stellung dort die Stellung hier und umgekehrt; und ob er diese oder jene Form der Regelung wählt, hängt nicht immer von sachlichen, sondern mitunter auch von historischen oder technischen Gründen ab; vgl. unten S. 123. Wollte der Gesetzgeber wirklich, wie Stein verlangt, die Kompetenz des materiellen Rechts auf die Tatbestandsregelung beschränken, die Beweislastverteilung dagegen der Kompetenz des Prozeßrechts überweisen, **so wäre die ganze praktische Erheblichkeit der materiellrechtlichen Tatbestandsregelung davon abhängig gemacht, ob es dem Prozeßrecht gefällt, daraus Konsequenzen für die Beweislastverteilung zu ziehen.** Nicht mit Unrecht sagt Wach (Ztschr. f. Zivilproz. XXIX 363): „Das bürgerliche Recht kann seine rechtserzeugenden Tatbestände verschieden bewerten, . . .; aber solche verschiedene Bewertung erfolgt schon im Hinblick auf die prozessuale Beweislast und hat außerhalb des Prozesses keine selbständige Bedeutung." Wohin ein solches Verschieben des richtigen Schwergewichts führt, zeigt R.G. E.Z. LXXIV 144, wo — im Widerspruch mit der die Praxis sonst beherrschenden Anschauung —, freilich in einem die Entscheidung nicht tragenden Satz, die Normen über Beweislastverteilung als Gesetze „in bezug auf das Verfahren" im Sinne des § 559 Z.P.O. bezeichnet werden. Die Konsequenz dieser Ansicht in dem dem R.G. vorliegenden Falle ist: Als bloße Verletzung eines Gesetzes „in bezug auf das Verfahren" erscheint die Verkennung der Rechtswahrheit, daß der Einsichtsmangel im Sinne des § 828 Abs 2 B.G.B. eine anspruchshindernde und daher von dem in Anspruch Genommenen zu behauptende und zu beweisende Tatsache ist (R.G.-E.Z. LXI 239).

[1]) Jahrb. f. Dogm. LXI 118 Anm. 1.

[2]) Es war daher nicht richtig, daß die Reichstagskommission 1910 die Nr. 2 c des § 554 Z.P.O. in der Fassung von 1905 (besondere Hervorhebung der unter Verletzung des Gesetzes festgestellten, übergangenen oder als vorgebracht angenommenen Tatsachen) gemäß dem Vorschlag der Regierungsvorlage strich (Komm.Ber. z. Nov. v. 1910 S. 34), obgleich sie den gleichzeitigen Vorschlag der Reg.Vorl. ablehnte, durch einen Zusatz zu § 549 Z.P.O. die Rüge der Nichtberücksichtigung von Tatsachen bei der Beweiswürdigung auszuschließen (Komm.Ber. S. 5 ff.). Es kann trotz der gegenteiligen Ausführung der Begründung zur Reg.Vorlage S. 18 und der Erklärungen des Regierungskommissars in der Kommission (Ber. S. 34) nicht zugegeben werden, daß die frühere Nr. 2 c durch die Nr. 2 b völlig gedeckt wird. Denn wenn unter Verletzung von Normen über materielle Beweislast oder Vermutungen Tatsachen festgestellt, übergangen usw. sind, so liegt keine Gesetzesverletzung „in bezug auf das Verfahren" vor. So mit Recht auch Schultzenstein, Ztschr. f. Zivilproz. XXXVII 264, der zugleich an die denkbare Verletzung von Normen über Auslegung erinnert; ferner Struckmann-Koch, Komment. 9. Aufl., 1910, Anm. 6 zu § 554. Stein, 8. u. 9. Aufl., III 3 a. E. zu § 554, erkannte noch die Möglichkeit an, die Regeln über Beweislast, Auslegung und Vermutungen als „materiellrechtliche Sätze" anzusehen. In der 10. Auflage, bei Anm. 29 u. 30 (daselbst weitere Literatur) zu § 554, erklärt er die Verletzung

II.

Nun erwarte ich sofort Steins Einwand: Ja, aber zeiht denn die Inanspruchnahme aller jener Sätze für das materielle Justiz-

von Normen über Beweislast und Vermutungen ohne Vorbehalt für Verletzung von Gesetzen „in bezug auf das Verfahren". Man war sich bei Schaffung der der Nr. 2c des § 554 Fass. v. 1905 entsprechenden Nr. 3 des § 516 alter Fassung, wie die Protokolle der Reichsjustizkommission S. 265—267 ergeben, allerdings über die Tragweite dieser Bestimmung nicht ganz klar. Indessen hob doch schon der Abg. v. Schwarze gegenüber einem Antrag Bähr, den Fall der Nr. 3 § 492 Entw. (= Nr. 3 § 516 alt. Fass., Nr. 2c § 554 Fass. v. 1905) in den § 489 Entw. (= § 551 jetz. Fass.) aufzunehmen, hervor, „daß § 489 nur formale Mängel, § 492 dagegen materielle Mängel erwähne, weshalb der Fall des § 492 Nr. 3 in § 489 nicht hineingehöre". Um von den Normen über Beweislast oder Vermutungen ganz zu schweigen, so läßt sich doch unmöglich die Verletzung einer Auslegungsregel als Verletzung einer Rechtsnorm „in bezug auf das Verfahren" bezeichnen; vgl. denn auch Stein selbst, Das private Wissen des Richters, 1893, S. 49. Die Folge der Streichung der Nr. 2c des § 554 ist m. E., daß, insoweit die Revision auf Verletzung von Vorschriften über die materielle Beweislast oder Vermutungen gestützt wird, die Revisionsbegründung nicht notwendig die Bezeichnung der Tatsachen, die den Mangel ergeben, zu enthalten braucht. Ebensowenig ist m. E. das Revisionsgericht, wenn solche Vorschriften verletzt sind, an die von den Parteien geltendgemachten Revisionsgründe gebunden (§ 559); vgl. freilich das am Ende der vorigen Anmerkung zitierte R.G E.Z. LXXIV 144. — Nach Affolter, System d. dtsch. bürgerl. Übergangsrechts, 1903, S. 7, 94—96, ist das ganze „Beweisrecht", einschließlich des Rechts der „Beweisformen" und der Zulässigkeit der Beweismittel, materiellrechtlich.

[3]) Ungerechtfertigter Vollstreckungsbetrieb, S. 37 ff., habe ich ausgeführt, daß die „unbedingte" Wirkung des rechtskräftigen Urteils jedenfalls kein subjektives materielles Justizrecht „am Urteil" gewähre. Es könnte scheinen, daß damit der „bindende Dienstbefehl an den Richter des zweiten Prozesses, den festgestellten Rechtszustand seiner Entscheidung zugrunde zu legen", als eine rein prozessuale Wirkung aufgefaßt werde. Dem wäre zu widersprechen. Denn gewährt auch die unbedingte Rechtskraftwirkung dem Sieger kein eigentliches materielles „Recht am Urteil", so erzeugt doch der in ihr steckende Dienstbefehl an den Richter für die davon profitierende Partei nach meiner Auffassung (Ungerechtfert. Vollstreck.Betrieb, S. 42 Anm. 15, S. 72) ein sogen. „Reflexrecht", nach Krückmanns Auffassung (Jahrb. f. Dogm. LVII 168 ff.; Ziv.Arch. CVIII 368 ff.; Einf. S. 172) einen „Urteilsrechtsschein" oder einen „Rechtsbesitz", im Sinne Kohlers (Prozeß als Rechtsverhältnis, 1888, S. 64 Anm. 2) eine „Situation". Und da dieses „Reflexrecht", dieser „Rechtsbesitz", diese „Situation" über den anhängigen Prozeß hinauswirken, so sind sie materielljustizrechtliche; vgl. denn auch Krückmann, Ziv.Arch. a. a. O. S. 368 Anm. 98, S. 369, 370. Wer sich die einschneidende Bedeutung der Urteilswirkung für die materiellen Rechtsverhältnisse und die Abhängigkeit ihrer objektiven und subjektiven Grenzen von den materiellen Rechtsverhältnissen vergegenwärtigt, muß vollends ihre Zugehörigkeit zum materiellen Justizrecht annehmen.

recht das Gesetz, das sie doch für „bürgerlichrechtlich" erklärt, weniger eines „theoretischen Irrtums?" Und verdient dann nicht eine Theorie, welche jene Sätze wenigstens einem anderen, dem Gesetze aber begrifflich bekannten Rechtsteil zuweist, den Vorzug vor einer Theorie, die sie für einen dem Gesetze begrifflich unbekannten Rechtsteil in Anspruch nimmt? Ähnliche Gedanken mögen auch bei Hellwig obwalten, wenn er erklärt, der Begriff des materiellen Justizrechts sei „willkürlich", es sei nicht einzusehen, was mit ihm „gewonnen" sein solle; er „umgehe" die streitige Frage, ohne sie zu „lösen."

Darauf ist zu erwidern: Über den Begriff des „materiellen Justizrechts" bestehen bei den Gegnern offenbar unrichtige Vorstellungen. Sie fassen den Begriff in dem Sinne auf, in dem seit langem der Ausdruck „materielles Prozeßrecht" üblich war, und sehen dann nicht ein, was mit der neuen „Formel" „gewonnen" sein soll. So berichtet z. B. das Reichsgericht (Entsch. in Zivils. Bd. 71 S. 70), die „neuere Prozeßlehre" trenne von den Prozeßvoraussetzungen die „sog. Rechtsschutzvoraussetzungen", die, „in der Mitte" zwischen Privat- und Prozeßrecht stehend, „gewissermaßen ein materielles Prozeßrecht darstellen." Und Beling, der, im Gegensatz zu mir, das Strafrecht nicht als materielles Justizrecht anerkennen will[1]), scheint doch die Zuteilung der Voraussetzungen, „ob überhaupt ein Verfahren zulässig ist", — er nennt sie Voraussetzungen „kriminellen Rechtsschutzes" — an ein „materielles Justizrecht" für diskutabel zu halten[2]). So erklärt sich auch die Ansicht Hellwigs, der

---

[1]) Lehre vom Verbrechen, 1906, S. 34 Anm. 2; Festschrift f. Binding, a. a. O. S. 48 Anm. 2. Gegen ihn oben S. 111 in den Anm.; schon früher Goldschmidt, in Goltd.A. Bd. 54 S. 38, 39.

[2]) Festschrift für Binding, a. a. O. S. 11, 77. Beling meint wohl mit Voraussetzungen „kriminellen Rechtsschutzes" dasselbe, was er a. a. O. mit „Strafklagerechtsvoraussetzungen" meint, mit anderen Worten dasselbe, was ich (Mater. Justizr. S. 59 ff.) „prozessuale Strafrechtsvoraussetzungen" genannt habe. Diese gehören aber, wie ich bereits a. a. O. eingehend darzulegen suchte, auch nach meiner Ansicht dem Prozeßrecht an. Ebenda S. 61 habe ich gegenüber Neumeyer ausdrücklich festgestellt, daß es materielle Rechtsschutzbedingungen für das Strafrecht, das selber Rechtsschutz ist, nicht geben kann. Dabei kann ich nicht umhin, meine schon in Goltd.A. Bd. 54 S. 39 unter Berufung auf Hegler erklärte Rechtswahrung in Ansehung der Einteilung der Sachurteilsvoraussetzungen im Strafprozeß gegenüber Beling, Festschrift, a. a. O. S. 23, zu wiederholen. Ich möchte übrigens jetzt den Ausdruck „prozessuale Strafrechtsvoraussetzungen" durch den „Verfolgbarkeitsvoraussetzungen" ersetzen; vgl. schon Deutsche Jurist.Ztg. XVII 1317.

neue Begriff verengere den des „Prozeßrechts in unzulässiger und undurchführbarer Weise". Ja, in seinem „System" [1]) sagt Hellwig ausdrücklich: Die Kategorie „materielles Justizrecht" „erscheint als eine Wiederbelebung der längst überwundenen alten Unterscheidung des Prozeßrechts in materielles und formelles."

Demgegenüber habe ich bereits im „Materiellen Justizrecht" [2]) gewissermaßen vorbeugend die Auffassung zurückgewiesen, daß der neue Begriff etwas mit dem des „materiellen

Nicht als ob ich meine (Mater. Justizr. S. 62) gegen diesen von Neumeyer für einen ganz anderen Begriff geprägten Ausdruck fallen lassen könnte. Sondern weil der 1908 erschienene Entwurf einer Strafprozeßordnung, in offenbarer Anknüpfung an § 152 Abs. 2 Str.P.O., in den §§ 183, 198, 208, 254, sich dieses Ausdrucks bediente, um den Begriff der „prozessualen Strafrechtsvoraussetzungen" wiederzugeben (Begr. zu § 254 Entw.). Jedenfalls ist der Ausdruck „Verfolgbarkeitsvoraussetzungen" dem doktrinären, das Strafrecht nach der Schablone des Zivilrechts behandelnden Ausdruck „Strafklagerechtsvoraussetzungen" weit vorzuziehen. — Baumgarten, Verbrechenslehre, a. a. O. S. 194, lehnt die Kategorie der prozessualen Strafrechts- oder Verfolgbarkeitsvoraussetzungen ab. Aber S. 52 ff. stellt er die Kategorie von „Bedingungen des Strafrechtsverhältnisses" auf, die er scharf von den „objektiven Bedingungen der Strafbarkeit", die „Verbrechensvoraussetzungen" sind, trennt (S. 71 ff., 191 ff., 267 ff.); sie sollen „Bedingungen für das Ob des Verfahrens" sein (S. 50); als Beispiele werden genannt Strafantrag, Unterwerfung unter die inländische Gerichtsbarkeit (S. 52, 53). Ich darf danach wohl dem Urteil des Lesers überlassen, ob Baumgarten den von mir aufgestellten Begriff der prozessualen Strafrechts- oder Verfolgbarkeitsvoraussetzungen wirklich nicht anerkennt. Nur hat sich Baumgarten durch die Konstatierung, daß die Unverfolgbarkeit praktisch oft Straflosigkeit nach sich zieht, dazu verleiten lassen, die Voraussetzungen der Verfolgbarkeit einfach unter die der Strafbarkeit einzubeziehen (ebenso freilich Wach, Strafrechtsvergleichung, Allgem. Teil, VI 52/53 Anm. 2, dem ich natürlich zustimme, wenn er a. a. O. sagt: „Der Gegensatz eines materiellen Klagerechts [Strafklagerechts] und materiellen Anspruchs [Strafanspruchs] besteht nicht"). Aber damit gerät Baumgarten in offenen Widerspruch zum geltenden Recht, welches den Verfolgbarkeitsvoraussetzungen nicht „auch" (so Baumgarten, S. 50), sondern nur „prozessuale Bedeutung" zumißt. Daß sich die Verfolgbarkeitsvoraussetzungen noch sehr wesentlich von den übrigen Sachurteilsvoraussetzungen unterscheiden, daß ihre Aufstellung „auf der konkreten, materiellen Justizrechtsbetrachtung beruht", habe ich Materielles Justizrecht, S. 60 ff., eingehend dargelegt. Gerade diese Beobachtung hat mich doch dazu veranlaßt, die Verfolgbarkeitsvoraussetzungen von den übrigen Sachurteilsvoraussetzungen zu trennen. Freilich, Baumgarten lehnt ja meine Auffassung, daß das Strafrecht materielles Justizrecht ist, ab; vgl. oben S. 110 Anm. 5 a. E. Damit beraubt er sich selbst der Möglichkeit, Umstände, welche für die Ausübbarkeit des Strafrechts bedingend sind, dem Prozeßrecht zuzuteilen.

[1]) I § 101 Anm. 4.
[2]) S. 18.

Zivilprozeßrechts" gemein habe. Neuerdings hat Kipp das Wesen des materiellen Justizrechts so treffend und so anschaulich charakterisiert, daß ich nichts besseres tun zu können glaube, als seine Ausführungen in diesem Zusammenhang wortgetreu zu wiederholen[1]). Kipp sagt von den Sätzen des materiellen Justizrechts[2]): „Sie folgen dem Inhalt des Privatrechtes[3]) ... Schritt für Schritt. Überall, wo das Privatrecht dem einzelnen eine Rechtspflicht auferlegt, geht dem unausgesprochen zur Seite das Gebot an den Richter, auf Anruf in dem Sinne zu urteilen, wie es der privatrechtlichen Verpflichtung entspricht. Ist der Besitzer der fremden Sache verpflichtet, sie dem Eigentümer herauszugeben, so ist der Richter verpflichtet, den Besitzer als Beklagten zur Herausgabe zu verurteilen. Ist der Schuldner verpflichtet, seine Verbindlichkeit so zu erfüllen, wie Treu und Glauben mit Rücksicht auf die Verkehrssitte es gebieten, so ist der Richter verpflichtet, den Schuldner als Beklagten zu einer dementsprechend bemessenen Leistung zu verurteilen ...[4]) Es ist gleichgültig, ob die Vorschrift eines Gesetzes in ihrer Fassung als Gebot an den Rechtsuntertanen oder als Gebot an das Staatsorgan erscheint. Den Geboten der einen Art sind ohne weiteres die entsprechenden Gebote der anderen Kategorie zu entnehmen, ohne daß es eines besonderen Ausspruchs bedarf[5]). **Das ganze**

---

[1]) Und damit die bisher von Hellwig a. a. O. vermißte Begriffsbestimmung der Kategorie „materielles Justizrecht" zu geben.

[2]) Festgabe f. Martitz, S. 213. Im wesentlichen zutreffend faßt den Begriff des materiellen Justizrechts auch v. d. Trenck a. a. O. auf.

[3]) Da Kipp, wie schon oben S. 111 i. d. Anm. erwähnt, nicht berücksichtigt, daß das Strafrecht ohne weiteres materielles Justizrecht ist, so vermag ich seine dem Strafrecht geltenden Bemerkungen nicht als Beleg für meine Ansicht im Text zu zitieren. Zu beachten ist, daß Kipps Abhandlung ex professo nur dem Zivilrecht gilt. Vgl. noch die beiden nächsten Anmerkungen.

[4]) Die weggelassenen Worte lauten: „Ist, wer gestohlen hat, gehalten, eine Bestrafung mit Gefängnis von einem Tag bis zu fünf Jahren über sich ergehen zu lassen, so ist der Richter verpflichtet, eine dementsprechende Strafe auszumessen und zu verhängen." Hier kann ich, wie gesagt, Kipp nicht darin beistimmen, daß jene Rechtsfolge einem anderen Rechtsteil entspringe als diese; ich glaube vielmehr, daß die Rechtslage des Diebes — übrigens m. E. keine Pflicht, sondern ein Subjektionsverhältnis —, „eine Bestrafung mit Gefängnis von einem Tag bis zu fünf Jahren über sich ergehen" lassen zu müssen, nur die Passivseite des Rechtsverhältnisses ist, dessen Aktivseite das Recht und die Pflicht des Richters ist, „eine dementsprechende Strafe auszumessen und zu verhängen".

[5]) So sind den — justizrechtlichen — Strafrechtssätzen die „Normen" zu entnehmen.

Bürgerliche Gesetzbuch ist privatrechtlich geschrieben; sein ungeschriebenes Spiegelbild sind die entsprechenden justizrechtlichen Vorschriften. Das Justizrecht ist weder Privatrecht noch Prozeßrecht. Das Prozeßrecht ergibt, wie das Urteil zu finden, nicht, welcher Inhalt ihm zu geben ist. Das Privatrecht bestimmt, was der Private seinem Nebenmanne schuldig ist: das Justizrecht bestimmt als eine Begleiterscheinung des Privatrechts den Inhalt des richterlichen Urteils[1])."

Mit anderen Worten: Das materielle (Zivil-) Justizrecht ist kein verkapptes materielles Zivilprozeßrecht[2]), es ist aber auch nicht etwa ein Zwischengebiet[2]) zwischen Privatrecht und Prozeßrecht. **Es ist vielmehr — wenigstens in der Hauptsache — das bürgerliche Recht selbst, umgedacht als Inbegriff von Rechtsregeln für das Verhältnis der Individuen zum rechtsschutzpflichtigen Staat**[3])**; das subjektive Recht des materiellen Ziviljustizrechts, der Rechtsschutzanspruch, ist in der Hauptsache trotz aller seiner Unabhängigkeit von ihm das subjektive Privatrecht in seiner Richtung gegen den rechtsschutzpflichtigen Staat**[4]) [5])**.**

Nun ist das Bürgerliche Gesetzbuch, wie Kipp richtig bemerkt, in der Hauptsache „privatrechtlich geschrieben". Es enthält aber auch eine Reihe reiner justizrechtlicher Sätze. Dazu ge-

---

[1]) Die Sperrung fehlt im Original.

[2]) Mit diesen beiden Begriffen operiert in der Tat wieder Sternberg, Aktionenwissenschaft und Prozeßwissenschaft, 1908, S. 29.

[3]) Ich würde definieren: das bürgerliche Recht in seiner Eigenschaft als Jurisdiktionsnorm, wenn ich nicht wieder Mißverständnisse, wie die Baumgartens — vgl. oben S. 110 Anm. 5 a. E. — fürchtete.

[4]) Die Vertreter der prozessualen Natur des Rechtsschutzanspruches vergessen ganz die einfache Wahrheit der Motive z. Z.P.O. S. 183: „Die Voraussetzungen zu regeln, unter denen eine Klage erhoben werden kann, ist Sache des materiellen Rechts".

[5]) Ich kann also Kohler (in Dernburgs Bürgerl. Recht, VI, 1910, S. 562 Anm. 1) nicht zugeben, daß mein materielles Justizrecht im wesentlichen auf sein Persönlichkeitsrecht hinauskomme, ohne Anlehnung an dieses aber in der Luft hänge. Was Kohler meint, gilt — wie ich auch Materielles Justizrecht, S. 12, anerkannt habe — von dem abstrakten, prozessualen Klagrecht, dessen Existenz mir indessen, jedenfalls soweit es als vorprozessuales Recht in Betracht kommt, zweifelhaft geworden ist (Ungerechtfert. Vollstreckungsbetrieb, S. 21 Anm. 33).

hören die Vorschriften über das Recht, auf Unterlassung zu klagen in den §§ 12, 550, 862, 1004 (auf den die §§ 1017, 1027, 1029, 1065, 1090, 1227 verweisen), 1053, 1134; über das Recht, auf Leistung nach Empfang der Gegenleistung zu klagen, in § 322 Abs. 2; über die Versagung des Rechts, aus einem Verlöbnisse auf Eingehung der Ehe zu klagen, in § 1297; über die Versagung des Rechts der Ehefrau, Ansprüche, die ihr auf Grund der Verwaltung und Nutznießung gegen den Mann zustehen, während der Verwaltung und Nutznießung gerichtlich geltend zu machen, in § 1394; über die Gestaltungsklagrechte in §§ 315 Abs. 3 Satz 2, 319 Abs. 1 Satz 2, 343, 655, 660 Abs. 1 Satz 2, 917 Abs. 1 Satz 2, 920, 1329, 1341, 1418, 1425, 1468, 1469, 1495, 1542, 1547, 1564 ff., 1596, 1599, 1612, Abs. 1 Satz 2, 2048 Satz 3, 2156 Satz 2, 2192, 2342; über die Beweislast in §§ 179 Abs. 1, 282, 345, 358, 363, 442, 542 Abs. 3, 636 Abs. 2, 2336 Abs. 3, 2338 Abs. 2; über die Vermutungen in §§ 18—20, 484, 891, 921, 938, 1006, 1117 Abs. 3, 1253 Abs. 2, 1362, 1527, 1591 Abs. 2, 1720 Abs. 2, 1964 Abs. 2, 2009, 2255 Abs. 2, 2365; über die Verurteilung Zug um Zug in §§ 274 Abs. 1, 322 Abs. 1; über die Urteilswirkung in §§ 407 Abs. 2, 425 Abs. 2, 429 Abs. 3 Satz 1, 432 Abs. 2, 1344 Abs. 1, 1380 Satz 2, 1400 Abs. 1, 1435, 1496 Satz 2; über das Vollstreckungsrecht in §§ 264 Abs. 1, 274 Abs. 2, 322 Abs. 3, 1003 Abs. 1 Satz 2, 1147, 1233 Abs. 2, 1268, 1277, 1973 Abs. 2 Satz 1, 1984 Abs. 2, 1990 Abs. 1 Satz 2, 2213 Abs. 3[1]).

---

[1]) Hellwig, System I, § 2 Anm. 8, erklärt, ganz konsequent, die meisten dieser Vorschriften des B.G.B. für prozeßrechtliche, dagegen System I, § 100 II 2, z. B. die §§ 1297, 1394 B.G.B. für privatrechtliche, da sie eine „zivilistische Unvollkommenheit" des betreffenden Anspruches statuierten; vgl. dazu oben S. 112 Anm. 1. — Nicht im Text als materielljustizrechtliche habe ich in Anspruch genommen die von Hellwig (System I, § 2 Anm. 8) gleichfalls für prozeßrechtliche erklärten Vorschriften des B.G.B. über Prozeßführungsrecht, wie z. B. die §§ 1380 Satz 1, 1400 Abs. 2, 1407. Sie sind m. E. rein privatrechtliche (so schon Goldschmidt, Mater. Justizr., § 2 Anm. 93), da das Prozeßführungsrecht, soweit es überhaupt als selbständiges Recht erscheint — die „Prozeßstandschaft" Kohlers —, gleich dem Verwaltungsrecht, dem es — jedenfalls regelmäßig — entspringt, ein rein privates Recht ist, nämlich nach Hellwigs eigener, zutreffender Definition (System I, § 72 I 3) „ein Recht der Herrschaft über fremdes Vermögen"; vgl. denn auch noch Hellwig, Anspruch u. Klagrecht, S. 128, 129 (anders schon Lehrb. I S. 157 Anm. 52). Für den Fall des § 265 Z.P.O. würde nichts anderes gelten, sofern man in ihm überhaupt den Fall eines Prozeßführungsrechts zu erblicken hätte dagegen Goldschmidt, Mater. Justizr., Anm. 93, sowie der Umstand, daß

Die vorstehende Auslese dürfte besser als alles zeigen, daß das, was man im Bereiche der Ziviljustiz **materielles Recht**

Hellwig selbst, System I, § 129 Anm. 28, eine Zustimmung des Veräußerers zur Prozeßübernahme durch den Erwerber nicht verlangt). In der Tat sind auch die Folgerungen, die Hellwig aus der angeblich prozessualen Natur des Prozeßführungsrechts — er zählt es zu den allgemeinen prozessualen Klagevoraussetzungen (System I, § 99 II 1b) — zieht, unannehmbar. Es soll vor den materiellen Klagevoraussetzungen geprüft werden (System I, § 99 IV 2), und, wenn es mangelt, soll die Klage nicht als „unbegründet", sondern als „unzulässig" abgewiesen werden (System I, § 70 III 2b α). Das ist indessen schon insoweit nicht richtig, als das Prozeßführungsrecht ein selbständiges Recht — eben Prozeßstandschaft — ist. Steht fest, daß die vom Ehemann eingeklagte Forderung der Frau nicht besteht, so wird die Klage abgewiesen, ohne daß vorher geprüft zu werden braucht, ob die Forderung zum Eingebrachten oder Vorbehaltsgut gehört. Ebenso wird die Klage des Ehemanns als „unbegründet" abgewiesen, sobald feststeht, daß die eingeklagte Forderung zum Vorbehaltsgut der Frau gehört. In die Augen springt die Richtigkeit des Gesagten aber in den doch die Regel bildenden Fällen, wo das Prozeßführungsrecht bloßer Ausfluß der Rechtszuständigkeit ist. Wirklich will Hellwig in diesen letzteren Fällen die Klage als „unbegründet" abweisen. Er sagt (System I, § 70 II 1 zu Anm. 5): „Die Klage des falsus heres, der sich die Erbschaftsforderung zuschreibt, wird einfach als unbegründet deshalb abgewiesen, weil er nicht forderungsberechtigt ist." Darin liegt aber eine offenbare Inkonsequenz. Wenn das Prozeßführungsrecht als allgemeine prozessuale Klagevoraussetzung vor den materiellen Klagevoraussetzungen zu prüfen ist, wenn „zur Hauptsache" „die Entscheidung erst erfolgen" darf, „wenn das Gericht bezüglich ihrer Zulässigkeit keine Bedenken hat" (Hellwig, System I, § 99 IV 2), so darf, wenn der falsus heres klagt, gar nicht darauf eingegangen werden, daß der Kläger nicht „forderungsberechtigt" ist. Es steht fest, daß er das Prozeßführungsrecht nicht hat; seine Klage muß also, vom Standpunkt Hellwigs aus, als „unzulässig" abgewiesen werden (vgl. R.G. E.Z. LIII 36). Hellwig gibt weiter zu, daß die das Prozeßführungsrecht begründenden Tatsachen — anders als regelmäßig bei den sonstigen allgemeinen prozessualen Klagevoraussetzungen — nicht nach dem Prinzip der materiellen Wahrheit erforscht zu werden brauchen (System I, § 70 Anm. 12, § 143 II 2), und daß das Prozeßführungsrecht, „soweit es sich nach dem Verwaltungsrecht richtet", sich nach bürgerlichem Recht und dessen Kollisionsnormen bestimme (System I, § 109 I 2). Er lehrt schließlich, daß der für das tatsächliche Vorhandensein wie für die rechtliche Notwendigkeit des Prozeßführungsrechts maßgebende Zeitpunkt der Schluß der letzten Verhandlung sei (System I, § 109 II, insbes. 2b das.). Letzteres lehrt Hellwig freilich für alle prozessualen Klagevoraussetzungen; es ist indessen für die übrigen allgemeinen prozessualen Klagevoraussetzungen im Sinne Hellwigs nicht zutreffend; vgl. unten II. Beitrag (S. 146 ff.). Mit einem Worte: alles, was von der Behandlung des Prozeßführungsrechts im Prozeß gilt und von Hellwig teilweise selbst zugegeben wird, zeugt dafür, daß das Prozeßführungsrecht keine prozessuale Klagevoraussetzung, sondern ein „Teil des Klaggrundes" nennt, ein Janushaupt trägt; die eine Seite, die bürgerlichrechtliche, ist dem Gegner, die andere, die justizrechtliche, dem Staate zugewendet. Ob ein materieller Rechtssatz vom Gesetzgeber in diese oder jene Form gegossen ist, beruht nicht immer auf sachlichen, sondern mitunter auch auf technischen oder historischen Gründen. Keinesfalls ändert die justizrechtliche Fassung eines Rechtssatzes etwas an seinem materiellen Charakter, sofern dieser nur sonst nachweisbar ist. **Die Theorie also, welche die Sätze über Klagbarkeit, materielle Beweislast, Vermutungen und materielle Rechtskraft für das materielle Justizrecht in Anspruch nimmt, steht völlig im Einklang mit der Gesetzgebung, welche jene Sätze dem materiellen Recht zuteilt, mag auch unsere Gesetzgebung vorderhand „materielles" und „bürgerliches" Recht als gleichbedeutend gebrauchen. Denn „materielles Zivilrecht" und „materielles Ziviljustizrecht" sind nur zwei Seiten eines und desselben Rechtsgebiets**[1]).

(so mit Recht Stein, IV vor § 50 Z.P.O.), ein Stück des materiellrechtlichen Tatbestandes ist; vgl. denn auch Stein, § 56 II z. A., III vor § 253, § 253 III 3 d, § 300 II B 3, C 2, III.

[1]) Da das „materielle Ziviljustizrecht" nur eine andere Verschalung desselben Kerns ist, den das „materielle Zivilrecht" umschließt, da es nur die öffentlichrechtliche Seite des Zivilrechts ist, so hat es keine Stätte in einem Zivilprozeß, dem ausnahmsweise ein staats- oder verwaltungsrechtliches Rechtsverhältnis zugrunde liegt. Es mag dahingestellt bleiben, ob diese Fälle nicht noch viel dünner gesät sind, als man gemeinhin (Stein, Kommentar, II vor § 1) anzunehmen pflegt (Goldschmidt, Rechtsgrund und Rechtsnatur der staatlichen Entschädigungspflicht gegenüber unschuldig Verhafteten und Bestraften, S.A. aus der Berl. Festg. f. Gierke, 1910, S. 146). Wo wirklich Gegenstand des Klagrechts selbst wieder ein publizistisches Rechtsverhältnis ist, liegt jedenfalls „materielles Ziviljustizrecht" in dem hier verstandenen Sinne des Wortes nicht vor, vielmehr ist nur formell der Rechtsweg für zulässig erklärt. Nicht als ob nicht auch die subjektiven öffentlichen Rechte des Rechtsschutzes fähig und bedürftig wären (Jellinek, System d. subjekt. öffentl. Rechte, 2. Aufl., S. 349 ff.). Auch üben die Zivilgerichte, soweit ihnen öffentlichrechtliche Streitigkeiten zugewiesen sind, nicht etwa Verwaltungsgerichtsbarkeit aus (Stein, Grenzen und Beziehungen zwischen Justiz und Verwaltung, 1912, S. 25 ff.). Aber der Sache nach handelt es sich in allen jenen Fällen jedenfalls um „Verwaltungskontrolle", nicht um eine „bürgerliche Rechtsstreitigkeit" im materiellen Sinne der §§ 13 G.V.G., 4 E.G. z. Z.P.O., d. i. eine Privatrechtsstreitigkeit. Und der Rechtsschutz, der in öffentlichrechtlichen Streitigkeiten, d. h. der Staatsgewalt gegenüber gewährt wird, und der in der Verwaltungsgerichtsbarkeit zweifellos zu seinem

III.

Es wird nun die Frage aufgeworfen werden: Wenn die bürgerlichrechtliche oder öffentlichrechtliche Natur eines Rechtssatzes als Kriterium für seine materielle oder prozessuale Zugehörigkeit preisgegeben wird, wonach bestimmt sich alsdann diese Zugehörigkeit? Gewiß nicht nach dem Gesetz, in welchem er steht. Die Zuteilung der oben aufgeführten Rechtssätze des B.G.B. zum materiellen Recht beruht natürlich nicht darauf, daß sie im B.G.B. und nicht in der Z.P.O. stehen. Enthält auch das B.G.B., soweit ich sehe, nur ganz vereinzelt **prozessuale** Sätze — z. B. die übrigens der freiwilligen Gerichtsbarkeit zuzurechnenden über das Verfahren bei Erteilung eines Erbscheins (§§ 2358 ff.) —, so enthält jedenfalls die Z.P.O. eine ganze Reihe **materieller Justizrechtssätze**. Dazu gehören die Vorschriften der §§ 254—259 über das Klagrecht, des § 305 über die Verurteilung des Erben und überlebenden Ehegatten unter Vorbehalt der beschränkten Haftung, der §§ 322—328, 629, 643 über die Urteilswirkung[1]), aber auch m. E. alle diejenigen Vorschriften des

---

adäquatesten Ausdruck gelangt, ist kein Rechtsschutz im echten Sinne des Wortes, d. h. keine Darleihung staatlichen Zwanges gegen ein seine Schuldigkeit vorenthaltendes Individuum, sondern Gewährleistung der Rechtmäßigkeit von Verwaltungsakten. Gleichgültig ist dabei, ob dem Individuum gegen einen bereits geschehenen Eingriff der Verwaltung Remedur gewährt wird, oder ob die Verwaltung von vornherein ihr Eingreifen vom Spruch der Gerichte abhängig macht. Jenes ist die Regel, mag die Sache zur Kompetenz der Justiz oder Verwaltungsgerichtsbarkeit gehören (Goldschmidt, Mater. Justizrecht, Anm. 152); dieses kommt aber gleichfalls hier (z. B. § 119 preuß. Ges. üb. die Zuständigkeit der Verwaltungsbehörden v. 1. August 1883) wie dort (§§ 49 ff. Bankges.; § 26 preuß. Stempelsteuerges. v. 31. Juli 1895; dazu O. Stölzel, Rechtsweg und Kompetenzkonflikt in Preußen, 1901, S. 129, 130; R.G. E.Z. LXXII 158 ff.) vor. So ist denn auch das Klagrecht da, wo sein Gegenstand selbst wieder ein öffentliches Rechtsverhältnis ist, rein formaler Natur: in der Hand des Staates, gleich dem Anklagerecht im Strafprozeß, bloße Kompetenz; in der Hand des Individuums, gleich den „Rechtsmittelklagen" (über diese unten S. 136 Anm. 2 a. E.), bloßes Beschwerderecht. — Wo umgekehrt für Privatrechtsstreitigkeiten der Rechtsweg ausgeschlossen ist (wie z. B. in Preußen für Ansprüche auf Ersatz des Wildschadens), bleibt ein materielles Klagrecht, ein **materielles Justizrecht** vorhanden; nur seine **Ausübung** ist behindert.

[1]) Bezüglich des § 323 so ausdrücklich R.G. E.Z. LXIII 119; bezüglich der §§ 325—327 so ausdrücklich Mendelssohn Bartholdy, Grenzen der Rechtskraft, 1900, S. 340 Anm. 1; auch R.G. E.Z. XLVI 10. In Seuff.Bl. f. Rechtsanwend. LXXIII 813 ff. bekämpft freilich Mendelssohn Bartholdy das R.G. E.Z. LXIII 119; vgl. jetzt auch Oertmann, Ziv.Arch. CIX 318, 319.

VIII. Buches[1]), welche die **materiellen** Voraussetzungen und den **materiellen** Inhalt des Vollstreckungsrechts und der Widerspruchsrechte gegen die Zwangsvollstreckung betreffen, darunter insbesondere der §§ 727—729, 735—749, 767, 768, 771—774, 778—786. Es ist bekannt, daß der größte Teil dieser Vorschriften im I. Entw. des B.G.B. (§§ 107 Abs. 4, 190—192, 724 Abs. 6, 1256, 1269, 1271, 1314, 1315, 1360, 1374, 1399, 1406, 1417, 1424, 1429, 1431, 1477, 1478, 1493, 1528, 1632, 1829, 1830, 1904, 2057) stand. Ihre Versetzung in die Z.P.O. geschah hauptsächlich, um die Materien nicht zu zerreißen[2]), nicht wegen „besserer Einsicht"[3]) in ihre prozessuale Natur. Der beste Beweis ist, daß, wie oben dargetan, auch jetzt noch viele Sätze über Klagbarkeit und Urteilswirkung im B.G.B. und nicht in der Z.P.O. stehen[4]). Materielles Justizrecht enthält endlich das

---

[1]) Vor allem die einschlägigen Vorschriften seines ersten Abschnittes, der übrigens de lege ferenda statt der farblosen Überschrift „Allgemeine Bestimmungen" die bezeichnendere „Vollstreckbarkeit" erhalten sollte.

[2]) Prot. d. II. Komm., I 245, 254 usw.; **Pagenstecher**, Rechtskraft, 1905, S. 59 ff. Über den Erfolg unten Anm. 4.

[3]) Wie **Hellwig**, System I, § 2 III, meint; vgl. freilich auch **Fischer**, Jahrb. f. Dogm. XL 231.

[4]) Der Gesetzgeber verfährt dabei vielfach ganz willkürlich. So stehen jetzt die durch das **eheliche Güterrecht** bedingten Grundsätze über Urteilswirkung im B.G.B., die durch **Nacherbschaft** und **Testamentsvollstreckung** bedingten dagegen in der Z.P.O. Die durch das eheliche Güterrecht bedingten Vorschriften über **Urteilswirkung** stehen im B.G.B., die durch dasselbe Rechtsverhältnis bedingten Grundsätze über **Vollstreckbarkeit** aber jetzt in der Z.P.O. Die durch die Testamentsvollstreckung bedingten Vorschriften über Vollstreckbarkeit stehen teils im B.G.B., teils in der Z.P.O. Die Wirkung der aufschiebenden Einrede des **Zurückbehaltungsrechts** für die Verurteilung ist im B.G.B., die entsprechende Wirkung der **Dreimonatsfrist** in der Z.P.O. geordnet. M. E. war der I. Entwurf d. B.G.B. mit Einstellung besonderer Abschnitte über „Urteil" und „Beweis" in seinen Allgemeinen Teil auf ganz richtigem Wege. Unbedingt erfordert die Gesetzestechnik die vom I. Entw. vorgenommene Einstellung aller derjenigen justizrechtlichen Vorschriften in das B.G.B., die mit den Eigentümlichkeiten darin geregelter besonderer Rechtsverhältnisse zusammenhängen. Wenigstens wenn ich nach meiner Erfahrung als Prozeßrechtslehrer urteilen darf, so macht es pädagogisch die größten Schwierigkeiten, die in die Z.P.O. durch die Novelle von 1898 eingestellten, mit bestimmten Sondermaterien des B.G.B. untrennbar zusammenhängenden justizrechtlichen Bestimmungen dem Verständnis der Hörer nahe zu bringen; es bedarf dazu stets der ausführlichen Erklärung der zugrunde liegenden bürgerlichrechtlichen Materien. Und wenn nun auch für die der Rechtsanwendung dienende Gesetzestechnik die Bedürfnisse der Rechtslehre natürlich nicht maßgebend sind, so dürften doch im vorliegenden Falle

I. Buch der Konkursordnung und das Anfechtungsgesetz v. 21. Juli 1879[1]).

Wenn aber auch nicht die Stellung im materiellen oder Prozeß-Gesetze, welches ist dann das Kriterium der materiellen oder prozessualen Natur eines Rechtssatzes? Das Kriterium ist für den Bereich der Ziviljustiz kein anderes, als es von jeher im Bereiche der Strafjustiz anerkannt worden ist. Auch für die Abgrenzung von materiellem Strafrecht und Strafprozeßrecht konnte und kann die öffentlich- oder nichtöffentlichrechtliche Natur eines Rechtssatzes kein ausschlaggebendes Kriterium sein; denn Strafrecht wie Strafprozeßrecht sind beide Teile des öffentlichen Rechts. Vielmehr ist hier das Kriterium der Zugehörigkeit eines Rechtssatzes zu dem einen oder anderen Gebiet von jeher das nämliche gewesen, welches nunmehr Kipp[2]) als Kriterium der Zugehörigkeit zum materiellen oder prozessualen Ziviljustizrecht aufstellt: „Das Prozeßrecht ergibt, wie das Urteil zu finden ... ist ...; das (sc. materielle) Justizrecht bestimmt ... den Inhalt des richterlichen Urteils". Kein anderes Merkmal liegt denn auch der Unterscheidung von error in procedendo und error in judicando zugrunde, welche in der Revisionsinstanz eine bedeutsame Rolle spielt[3]). Stellt man die Unterscheidung von materiellem Recht und Prozeßrecht weniger auf die Norm als Maßstab richterlicher Urteilstätigkeit, denn als Quelle justizrechtlicher Urteils- und Vollstreckungs-Rechte und Pflichten ab, so ist zu sagen: Das Prozeßrecht ergibt die Formen der Ausübung und Erfüllung, das materielle Justizrecht den Inhalt dieser Rechte und Pflichten[4]). Und füllen wir schließlich das Blankett: „Inhalt" aus, so gewinnen wir folgende Definition des materiellen Ziviljustizrechts, welche es unzweideutig von dem Zivilprozeßrecht abgrenzt: Materielles Zivil justiz-

---

die Interessen der Rechtsanwendung und Rechtslehre zusammenfallen. — Auf ganz anderem als dem hier vertretenen Standpunkt steht die für die berührten gesetzestechnischen Fragen bekanntlich so bedeutsame Schrift von Fischer, Recht und Rechtsschutz, 1889.

[1]) Das materielle „Konkursrecht" ist nicht Privatrecht (so Jaeger, Komment. z. K.O., 3. u. 4. Aufl., 1908, Anm. 2 zu § 29; Kleinfeller, Lehrb. d. deutsch. Konkursrechts, 1912, S. 4 u. 5), aber das Anfechtungsrecht ist auch kein „prozessuales Recht" (so Hellwig, Lehrb. I, § 33 Anm. 9); u. S. 137 Anm. 1.

[2]) Oben S. 120. Vgl. auch v. d. Trenck a. a. O. S. 120, 121.

[3]) Vgl. oben S. 115 Anm. 2.

[4]) So schon Goldschmidt, Materielles Justizrecht, S. 69 Anm. 330.

recht ist der Inbegriff der Rechtssätze, welche an eine bestimmte Privatrechtslage, als Tatbetand[1]), die staatliche Verpflichtung zu einem entsprechenden, in die Privatrechtslage eingreifenden[2]) Rechtsschutzakt knüpfen[3]).

Es wird nun gegen diese Definition eingewendet werden, daß vielleicht der Tatbestand des Rechtsschutzanspruches, die bestimmte Privatrechtslage, auf das Dasein eines materiellen Justizrechts schließen lasse[4]), daß aber der Inhalt, die staatliche

---

[1]) Also z. B. § 556 Abs. 1 B.G.B. + § 257 Z.P.O.; oder § 433 B.G.B. + arg. e contr. §§ 257—259 Z.P.O.; dazu noch unten S. 130.

[2]) Unmittelbar oder mittelbar. Unmittelbar in die Privatrechtslage greifen Gestaltungsurteil und Zwangvollstreckung, mittelbar Feststellungs- und Leistungsurteil ein. Vgl. noch unten S. 130.

[3]) Also z. B. § 556 Abs. 1 B.G.B. + § 885 Z.P.O.; oder § 433 Abs. 1 S. 1 B.G.B. + §§ 883 ff., 894, 897 Z.P.O.; dazu noch unten S. 130.

[4]) Auch wer die Voraussetzungen der Klagbarkeit, die materielle Beweislast, die Vermutungen, die Urteilswirkungen usw. dem Prozeßrecht zuteilen und nur den regelmäßig auch einen Privatanspruch erzeugenden „Tatbestand" des Rechtsschutzanspruches (darüber Stein, Voraussetzungen des Rechtsschutzes usw., S. 13—15) als materiellrechtlich gelten lassen wollte, müßte mindestens zugeben, daß die regelmäßig auch einen Privatanspruch erzeugenden „Tatbestände" als Voraussetzungen des Rechtsschutzanspruches nur als Tatbestände dieses, d. h. in letzter Linie der vom Richter auszulösenden Rechtsfolge der Feststellung, Verurteilung (einschließlich der Vollstreckung) oder Gestaltung in Betracht kommen. Gerade letzteres hat als erster Stein a. a. O. ausgeführt. Damit ist aber insoweit den theoretischen Minimalanforderungen der Theorie des materiellen Justizrechts genügt. Wenn Stein a. a. O. S. 6, 35, Tatbestände, welche, wie z. B. Ehescheidungsgründe oder Tatbestände von Gestaltungsklagrechten überhaupt, nach Steins eigenem Zugeständnis sogar lediglich einen publizistischen Rechtsschutzanspruch erzeugen, dennoch „zivilistische" zu nennen scheint, so ist er den Nachweis schuldig geblieben, worin sich die „zivilistische" Natur dieser Tatbestände äußert. Wenn Stein S. 35 darauf verweist, daß z. B. der „rein zivilistische Vorgang des Eigentumserwerbes" Steuerpflichten und Wahlrechte erzeuge, so beweist dieser Vergleich nichts; denn der „Erwerb" des „Eigentums" ist in der Tat mindestens auch ein „zivilistischer" Tatbestand. Im übrigen habe ich selbst (Rechtsgrund und Rechtsnatur der staatlichen Entschädigungspflicht gegenüber unschuldig Verhafteten und Bestraften, S.A. aus der Festgabe der Berliner Juristenfakultät für Gierke, 1910, S. 139 ff.) ausgeführt, daß für die systematische Rubrizierung von Tatbeständen und Rechtsfolgen nicht ohne weiteres aus dem Wesen der einen auf das der anderen geschlossen werden darf. Aber soviel scheint mir doch unbestreitbar, daß ein Tatbestand, insoweit er als Tatbestand einer bestimmten — publizistischen oder privaten — Rechtsfolge in

Verpflichtung zu einem in die Privatrechtslage eingreifenden Rechtsschutzakt (Feststellung, Verurteilung und Zwangsvollstreckung, Gestaltung), auf Zugehörigkeit zum Prozeßrecht hindeute. Dieser Einwand scheint um so mehr begründet, als der Entdecker des Rechtsschutzanspruches als dessen Haupttypus den Feststellungsanspruch bezeichnet hat[1]), und als gerade der Inhalt des Feststellungsanspruches, die urteilsmäßige Feststellung, auf rein prozessualem Gebiet zu liegen scheint.

Der Feststellungsanspruch ist nun allerdings insofern zur Bewährung des Rechtsschutzanspruches besonders geeignet, als er einmal dessen Unabhängigkeit vom Privatrechtsanspruch, sodann dessen Eigenschaft als subjektives öffentliches Recht schlagend dartut. Daß der Feststellungsanspruch vom Privatrechtsanspruch unabhängig ist, lehren die negative Feststellungsklage und die Klage auf Feststellung der Echtheit oder Unechtheit einer Urkunde. Daß der Feststellungsanspruch andererseits den Charakter eines subjektiven Rechts hat, erkennen schon die Motive zu unserer Z.P.O. an. Da er nun offenbar nicht, wie die Motive meinen, selbst wieder ein privates Recht sein kann, so muß er ein publizistischer Anspruch sein. Er führt damit zwingend zu dem Rechtsschutzanspruch, als dessen Arten eine er anzusehen ist. Bedenkt man nun noch dazu, daß es Wach nicht nur darum zu tun war, den Rechtsschutzanspruch als selbständiges subjektives öffentliches Recht, sondern speziell als selbständiges subjektives prozessuales Recht nachzuweisen, so wird vollends klar, warum er den Feststellungsanspruch als Paradigma des Rechtsschutzanspruches erkor.

In Wahrheit ist der Feststellungsanspruch eine der unvollkommensten Erscheinungsformen des Rechtsschutzanspruches, und nur auf seine Unvollkommenheit ist es zurückzuführen, daß er für die prozessuale Natur des Rechtsschutzanspruches zu zeugen scheint. Nicht als ob nicht auch der Feststellungsanspruch deutlich die materiellrechtliche Natur seiner Gattung, des Rechtsschutzanspruches, aufweise. Wach muß auch von dem an dem Feststellungsan-

---

Betracht kommt, mindestens in dieser seiner Eigenschaft demselben Rechtsgebiet angehört, wie die von ihm ausgelöste Rechtsfolge. „Der Diebstahl ist ein strafrechtlicher Begriff trotz der Verweisung auf die Eigentumsordnung", sagt Stein a. a. O. S. 4, 5 selbst.

[1]) Wach, Der Feststellungsanspruch. Ein Beitrag zur Lehre vom Rechtsschutzanspruch, 1889.

spruch demonstrierten Rechtsschutzanspruch zugeben[1]: „Nicht ist er formaler Natur in dem Sinn des **spezifisch prozessualen** Rechtes, welches an die **Parteistellung als solche** geknüpft ist. Er ist, wie dargetan, die Folge des **außerprozessualen** Tatbestandes, und hat zum Inhalt nicht das Recht auf Verhandlung und Urteil, sondern auf dem Berechtigten **günstige** Rechtsschutzhandlung[2]". Und wenn man dieser günstigen Rechtsschutzhandlung, dem Feststellungsurteil, gar, mit **Kohler** und **Pagenstecher**, privatrechtliche Tatbestandswirkung zuschreibt, so wäre der materielle Gehalt des Feststellungsanspruches so vollwertig, wie irgend einer Erscheinungsform des Rechtsschutzanspruches. Indessen ist ja die privat- oder auch nur materielljustizrechtliche Natur der materiellen Rechtskraft, des Zieles der Feststellungsklage, nicht unzweifelhaft[3], und wer an dem prozessualen Charakter der Urteilswirkung festhält, mag sich immerhin auf ihn für die prozessuale Natur des Feststellungsanspruches berufen. Aber dieses vielleicht prozessuale Ziel der Feststellungsklage, die materielle Rechtskraft, wäre nur das Korrelat der Unvollkommenheit des Feststellungsanspruches oder besser Feststellungsklagrechts überhaupt. Der Inhalt des Leistungs- (Verurteilungs-, Vollstreckungs-) und des Gestaltungsklagrechts **ist, über die Herstellung materieller Rechtskraft hinaus, unzweifelhaft, mittelbar oder unmittelbar,** auf Herstellung von Veränderungen der Privatrechtslage gerichtet. Urteil und Zwangsvollstreckung sind hier nur die prozessualen Mittel zu materiellem Zweck. Bei den beiden genannten, vollkommeneren Erscheinungsformen des Rechtsschutzanspruches liegen mithin nicht nur ihre Voraussetzungen, sondern auch ihr Inhalt zweifelsfrei auf materiellrechtlichem Gebiet[4].

Die Konstatierung der Unvollkommenheit[5] des Feststellungs-

---

[1] A. a. O. S. 32.
[2] Die Sperrungen fehlen im Original.
[3] Vgl. oben S. 116 Anm. 3.
[4] Der **Inhalt** eines Rechts ist für seine Qualifizierung unter allen Umständen entscheidend. Deshalb muß, auch wer, abweichend vom Verfasser (Ungerechtfertigter Vollstreckungsbetrieb, § 5), den Vollstreckungsanspruch für ein durch den Vollstreckungstitel **abstrakt** bedingtes Recht ansieht, ihn seines **Inhalts** wegen als **materiell** gelten lassen. Gerade umgekehrt scheint Mendelssohn Bartholdy, Seuff.Bl. f. Rechtsanwend. LXXIII 815 Anm. 1 a. E., die systematische Einordnung einer Rechtsfolge von der Natur ihres Tatbestandes abhängig machen zu wollen.
[5] Auch in Unabhängigkeit vom subjektiven Privatrecht und scharfer

klagrechts macht das Wesen der vollkommenen Erscheinungsformen des Rechtsschutzanspruches als Erscheinungsformen eines materiellen Justizrechts besonders deutlich. Gewiß, sie alle sind begriffsnotwendig im Prozeß auszuüben. Darin beruht ja gerade der Wert der ganzen Kategorie, die sonst neben dem Privatrecht ganz überflüssig wäre. Und daß sie begriffsnotwendig im Prozeß auszuüben sind, erklärt es, daß ihre Differenziertheit als Klagrecht, Vollstreckungsanspruch, Konkursanspruch, Arrestanspruch den entsprechenden prozessualen Verschiedenheiten parallel läuft. Aber mitunter läuft die Differenziertheit der Erscheinungsformen des Rechtsschutzanspruches auch privatrechtlichen Verschiedenheiten parallel; so die von Leistungs- und Gestaltungsklagrecht, von Aussonderungs-, Absonderungs-, Aufrechnungsrecht und Masseforderung. Und die mit prozessualen Verschiedenheiten parallel laufende Differenziertheit der Erscheinungsformen des Rechtsschutzanspruches ändert nichts an der schon konstatierten, unbestreitbaren Tatsache, daß alle seine vollkommenen Erscheinungsformen, mittelbar oder unmittelbar, die Erwirkung von Veränderungen der Privatrechtslage zum Inhalt haben, wie sie in Privatrechtslagen als Tatbeständen wurzeln. Denken wir uns die privatrechtliche actio (= Anspruch) emti um als justizrechtliche actio (= Rechtsschutzanspruch) emti, so begründet der Kaufvertrag als Tatbestand nicht nur jene, sondern auch diese. Jene geht auf die Verpflichtung des Verkäufers, dem Käufer die Sache zu übergeben und das Eigentum an der Sache zu verschaffen (B.G.B. § 433). Diese geht auf die Verpflichtung des Staates, die Übereignungserklärung des Verkäufers durch Verurteilung desselben zu ihrer Abgabe zu ersetzen (Z.P.O. § 894) und die Sache durch den Gerichtsvollzieher dem Verkäufer wegnehmen und dem Käufer abliefern zu lassen (Z.P.O. §§ 883 ff., 897)[1]. Man braucht sich das nur klar zu machen, um zu erkennen, daß natürlich diese Verpflichtung um kein Haar breit weniger materiell ist als jene. Selbstverständlich würde auch ein — um

Ausprägung als selbständiges subjektives öffentliches Recht wird das Feststellungsklagrecht vom Gestaltungsklagrecht und jedenfalls von gewissen Sonderbildungen des Verurteilungsklagrechts übertroffen; schon deshalb, weil bei diesen jene Eigenschaften sich paaren mit einer unzweifelhaften Eigenschaft als materielles Recht; vgl. darüber noch unten S. 138 zu Anm. 1.

[1] Über die Verschiedenheit des Inhalts des Privatrechtsanspruches und des korrespondierenden Rechtsschutzanspruches vgl. Landgericht Dresden in der Ztschr. f. Zivilprozeß XXX 139 ff.; Stein, Komment. II 4 vor § 704. Vgl. auch R.G. E.Z. LXVI 14 ff.; Ztschr. f. Zivilprozeß XXXIII 83 ff.

mit Kipp zu sprechen — „justizrechtlich geschriebenes" BGB. nur die materiellen Voraussetzungen und den materiellen Inhalt des aus dem Kaufvertrage erwachsenden Rechtsschutzanspruches regeln, die Regelung des dazwischenliegenden prozessualen Weges aber der Prozeßordnung überlassen, genau so, wie das „justizrechtlich geschriebene" Strafgesetzbuch verfährt. Deshalb würde indessen niemand an der materiellen Natur dieser publizistischen actio emti, geschweige denn an ihrer Eigenschaft als subjektives Recht überhaupt zweifeln [1] [2]).

Es versteht sich von selbst, daß die Grenzen von materiellem Justizrecht und Prozeßrecht weit flüssiger und unsicherer sind, als die von Privatrecht und Prozeßrecht. Daraus ist aber dem Begriffe des materiellen Justizrechts so wenig ein Vorwurf zu machen, daß darin vielmehr ein Vorzug dieses Begriffes erblickt werden muß. Denn einem Begriffe, welcher die seit alters her gesuchte Brücke zwischen Privatrecht und Prozeßrecht schlägt, kann unmöglich zum Vorwurf gereichen, daß er allmählich von dem einen Ufer zum anderen führt. Die dabei unvermeidlich entstehenden Grenzstreitigkeiten sind in letzter Linie nicht nach theoretischen Gesichtspunkten, sondern nach positivem Recht [3])

---

[1]) Es gilt hier dasselbe wie für das jus puniendi. Das „justizrechtlich geschriebene" Strafgesetzbuch beschränkt sich auf Regelung seiner **materiellen** Voraussetzungen und seines **materiellen** Inhalts. Seine beiden Erscheinungsformen, das Strafverfolgungs- und Strafvollstreckungsrecht der Justiz, sind **begrifflich im Prozeß** auszuüben, und zwar in der prozessualen Reihenfolge, der entsprechend sie abgestuft sind. Der Prozeßweg, den das jus puniendi zu durchlaufen hat, um von seinem materiellen Ausgangspunkt, dem begangenen Verbrechen, bis an sein materielles Ziel, die Zufügung des Strafleidens, zu gelangen, wird in der Strafprozeßordnung geregelt. Vgl. darüber schon Goldschmidt, Materielles Justizrecht, S. 56.

[2]) Es ist der Unterschied zwischen den von mir angenommenen materiellen Ziviljustizrechten und Weismanns (Lehrb. I 67 ff., II 8 ff.) — in letzter Linie — privatrechtlicher Klag- und Vollstreckungsbefugnis, daß Weismann bei seiner Konstruktion den publizistischen Weg, den alle diese Rechte nehmen müssen, als quantité négligeable betrachtet, während ich ihn für wesengebend halte. So automatisch arbeitet der staatliche Rechtsschutzapparat denn doch nicht, daß man die Rechte, deren Inhalt ist, die mit dem günstigen Rechtsschutzakt verknüpften „Wirkungen" herbeizuführen, als einfache, wesentlich privatrechtliche „Kann-(Gestaltungs-)Rechte" ansehen dürfte.

[3]) Damit meine ich natürlich nicht die Binsenwahrheit, daß man sich in letzter Linie immer dem positiven Recht zu beugen habe, sondern, daß hier die Übertragung der Grenzregulierung auf das positive Recht auch „richtiges" Recht ist. Übrigens steht es mit der Grenzregulierung zwischen privatem und öffentlichem Recht in letzter Linie auch nicht anders; vgl. Goldschmidt,

und praktischen Bedürfnissen zu entscheiden. **Im Zweifel kann maßgebend nur sein, ob ein Institut gerechter- und zweckmäßigerweise nach materiellen oder prozessualen Grundsätzen zu behandeln ist**[1] [2]).

Rechtsgrund und Rechtsnatur der staatlichen Entschädigungspflicht gegenüber unschuldig Verhafteten und Bestraften, S.A. aus d. Festg. d. Berl. Jur.Fak. für Gierke, 1910, S. 147.

[1]) Solche Gesichtspunkte der „Interessenabwägung" müssen in letzter Linie immer da ausschlaggebend sein, wo die Grenzen auf theoretischem Wege schwer oder überhaupt nicht gewinnbar sind; so z. B. auch für Ziehung der Grenze von Justiz- und Verwaltungsstrafrecht; vgl Goldschmidt, Mitteil. d. Internat. Krim.Verein. XII 238, 239.

[2]) Die Flüssigkeit der Grenze zwischen materiellem und prozessualem Justizrecht und die Notwendigkeit, im Zweifel die Grenze nach praktischen Erwägungen zu ziehen, sind dem Kriminalisten altbekannte Tatsachen. Die Grenzen zwischen den dem materiellen Strafrecht zuzuteilenden „Bedingungen der Strafbarkeit" und den dem Strafprozeßrecht zuzuteilenden „Bedingungen der Verfolgbarkeit" sind in der Literatur im höchsten Maße streitig; vgl. darüber v. Liszt, Lehrb. 20. Aufl., § 44 III, insbes. Anm. 3 das. Und in der Praxis wird der Knoten oft einfach durchgehauen. Nichts belegt diese Behauptung besser als das Urteil des Reichsgerichts v. 6. Mai 1905 (Entsch. in Strafs. XXXVIII 75 ff.). Es handelte sich in diesem Urteil um die Frage, ob die Verbürgung der Gegenseitigkeit in § 102 Str.G.B. eine Bedingung der Strafbarkeit oder Verfolgbarkeit sei. War sie dieses, so genügte die Verbürgung der Gegenseitigkeit zur Zeit der Aburteilung, zu welcher Zeit die Gegenseitigkeit unzweifelhaft verbürgt war. War sie aber jenes, so mußte die Gegenseitigkeit auch zur Zeit der Begehung verbürgt sein, und das Reichsgericht gelangte hier zu dem Ergebnis, daß dies nicht der Fall gewesen sei. Es hing mithin von der Zuteilung der Verbürgung der Gegenseitigkeit in diese oder jene Kategorie die ganze Entscheidung, die Verurteilung oder Freisprechung der Angeklagten ab. Das Reichsgericht begnügt sich im wesentlichen mit folgender Ausführung (S. 77): „Nach Wortlaut und Sinn ist die verbürgte Gegenseitigkeit ... keine Bedingung der Strafverfolgung, wie der nicht mit ihr auf gleiche Linie gestellte, sondern in einem besonderen Absatz behandelte Strafantrag der auswärtigen Regierung, sondern eine äußere Bedingung der Entstehung des staatlichen Strafrechts, eine Bedingung der Strafbarkeit." — Auch auf dem Gebiete des Ziviljustizrechts wird man eine solche Flüssigkeit der Grenzen in den Kauf nehmen müssen, und nicht ganz mit Unrecht wollte die Reichstagskommission von 1905 (Kommiss.Ber. S. 67) die Unterscheidung materieller und prozessualer Rügen dem freien Ermessen des Revisionsgerichts anheimgeben. Die von Stein, bei Anm. 14 zu § 559, dem gegenüber behauptete „Möglichkeit begrifflich scharfer Scheidung" wird mit dem Abschieben materieller Rechtsinstitute in das Prozeßrecht (vgl. z. B. oben S. 115 Anm. 2) zu teuer erkauft.

IV.

Es entsteht nun die Frage: Welches ist der praktische Wert des „materiellen Justizrechts"? Bedarf es, um ihn darzutun, noch eines anderen Nachweises, als daß jedenfalls nur die Justizrechtstheorie in der Lage ist, den positiven Gesetzesinhalt zu erklären und ihn auf allgemeine Prinzipien zurückzuführen? Als daß sie glaubt, imstande zu sein, die seit der Emanzipation des Privatrechts vom Aktionenrecht abgerissenen Fäden zwischen Privatrecht und Prozeß wieder zu knüpfen? Als daß sie hofft, den Streit um den Rechtsschutzanspruch, der die Prozessualisten in zwei Lager teilt, beilegen zu können? Man hatte es leicht, das römische Aktionenrecht über Bord zu werfen und das Privatrecht von allen vermeintlich prozessualen Schlacken zu säubern. Weder Gesetzgebung, noch Theorie und Praxis kommen um Sätze, Begriffe und Folgerungen herum, die in einer „Zuschneidung" des materiellen Rechts auf den Prozeß ihre Wurzel haben. Diesem Bedürfnis verdanken die Sätze unseres B.G.B. über Klagrechte, Beweislast, Vermutungen, Urteilswirkung u. a., der Begriff des Rechtsschutzanspruches und die Aufstellungen der Judikatur z. B. auf dem Gebiet der Feststellungs- und Gestaltungsklagen ihren Ursprung. Was nützt es, alle diese Gebilde als prozessuale in Anspruch zu nehmen, da sie doch offensichtlich materiell sind. Die Theorie des materiellen Justizrechts stellt die mühsam errungene reinliche Scheidung von Privatrecht und Prozeß nicht in Frage. Sie macht nur Front gegen die unzulässige und undurchführbare Expansion des Prozeßrechts[1]), gegen die — wenn es erlaubt ist, so zu sagen, — neuerdings eingerissene prozessuale Hypertrophie. Sie weist den nach der Absetzung des römischen Aktionenrechts obdachlos hin und her getriebenen Rechtsbestandteilen wieder eine Heimat an[2]). **Im materiellen Justizrecht findet sich das Aktionenrecht[3]) wieder als modernes Staatsrecht.**

---

[1]) Solche Expansionsbestrebungen der Prozeßrechtstheorie liegen in der Tat gegenüber dem alt überkommenen Besitzstand des materiellen Rechts vor. Die Justizrechtstheorie sucht nur, diesen zu wahren. Das muß betont werden, wenn Hellwig (vgl. oben S. 110) der Justizrechtstheorie den Vorwurf „willkürlicher, unzulässiger und undurchführbarer Verengerung" des Prozeßrechts macht.

[2]) So schon Goldschmidt, Materielles Justizrecht, S. 18.

[3]) Das römische Aktionenrecht war nicht etwa prozessual verdorbenes Privatrecht (so allerdings Hellwig, System 1, S. 4, 297), sondern materielles

Aber, so wird man sagen, auch dieser Gewinn ist doch wieder ein mehr theoretischer: eine theoretische Rechtfertigung des Gesetzes, eine Synthese von Privat- und Prozeßrecht, die Schlichtung eines Theorieenstreits, eine Einordnung zweifelhafter Elemente in das Rechtssystem. Wo bleibt der praktische Wert in dem Sinne, daß sich aus der Justizrechtstheorie Folgerungen für die Rechtsauslegung und Rechtsanwendung ziehen ließen, die nicht schon aus der bisher herrschenden, nur Privat- und Prozeßrecht unterscheidenden Doktrin gewinnbar wären? Darauf ist zu sagen:

I. Es ist von der höchsten praktischen Bedeutung, ob die auf dem streitigen Gebiet herrschenden **Rechtssätze** und die von diesen beherrschten **Tatbestände** und **Rechtsfolgen materielle oder prozessuale, öffentliche oder private** sind. Für die **Rechtssätze** vor allem in der Lehre von der **Gesetzeskollision** und der Bedeutung der Rechtssätze in der **Revisionsinstanz**[1]); für die **Tatbestände** z. B. bei der Frage ihrer Prüfung nach dem Prinzip der materiellen Wahrheit, der Reihenfolge ihrer Prüfung, des für ihr Vorhandensein maßgebenden Zeitpunktes und der Bedeutung ihres Fehlens für das zu erlassende Urteil; für die **Rechtsfolgen** bei der Frage, ob bezüglich der Ausübung und Erfüllung, der Folgen der Nichterfüllung, bezüglich der Sicherung, des Unterganges usw., die für bürgerlichrechtliche Ansprüche oder Rechte geltenden Grundsätze, und wenn ja, ob unmittelbare oder nur entsprechende Anwendung finden. Die Justizrechtstheorie entscheidet diese Fragen dahin, daß auf dem streitigen Gebiet die Rechtssätze, Tatbestände und Rechtsfolgen als **materielle, aber publizistische** zu behandeln sind. Damit akzeptiert sie **prinzipiell** die praktischen Ergebnisse der **privatrechtlichen** Auffassung, die sie theoretisch neu begründet, damit vor den unabweisbaren Angriffen der prozessualen Auffassung sichert und gleichsam neu gewinnt. Sie fordert aber überall eine Untersuchung, ob jene praktischen Ergebnisse der privatrechtlichen Auffassung mit der **publizistischen** Natur der in Frage kommenden Rechtsbestandteile verträglich sind. Wo das nicht der Fall ist, fordert die Justizrechtstheorie eine **Modifikation**

Justizrecht, wenn auch natürlich nicht in der publizistischen Reinheit dieses auf dem Boden des modernen Rechtsstaates erwachsenen Begriffes.

[1]) Vgl. oben S. 115 Anm. 2; unten II. Beitrag S. 143 Anm. 6.

der Ergebnisse der privatrechtlichen Auffassung, ja unter Umständen die Aufstellung völlig **selbständiger Grundsätze**. Damit wird dem berechtigten Kern der **prozessualen Auffassung** Rechnung getragen.

Der vorstehende Ausblick, den ich nur auf Grund dessen eröffne, was mir gelegentlich an Konsequenzen der Justizrechtstheorie aufgestoßen ist, dürfte die große praktische Bedeutung der Theorie genügend kennzeichnen. Den schlüssigen Beweis vermag natürlich nur eine sorgfältige Einzeluntersuchung aller angeschnittenen Materien an der Hand der Justizrechtstheorie zu liefern. **Im folgenden lege ich eine solche nur in Ansehung der sog. spezifischen Rechtsschutzvoraussetzungen vor**, von denen ich schon in meinem materiellen Justizrecht (1905)[1]) behauptet habe, daß sie dem materiellen Justizrecht zuzurechnen sind[2]). Gerade diese Einzeluntersuchung zeigt etwas, was für die praktischen Konsequenzen der Justizrechtstheorie typisch ist: Diese Konsequenzen sind im wesentlichen solche, die Gesetzgebung, Wissenschaft und Rechtsprechung längst im einzelnen gezogen haben. Die Justizrechtstheorie faßt sie nur zu einer **Einheit** zusammen. Es wäre aber auch übel um unsere Theorie bestellt, wenn es anders wäre, wenn die sich aus ihr ergebenden Folgerungen der bisherigen Gesetzgebung, Wissenschaft und Rechtsprechung fremd wären[3]). So wird da-

---

[1]) Zu Anm. 93 das.

[2]) In dem letzten Gespräch, das ich mit ihm im Juli 1913 über das „Materielle Justizrecht" führte, sagte mir Konrad Hellwig, daß er solange den von mir aufgestellten Begriff nicht anzuerkennen vermöge, als sich derselbe nicht insbesondere in der Lehre von der Gesetzeskollision bewährt habe. Ich konnte antworten, daß ich eine Darstellung der Kollisionslehre auf dem Gebiete des materiellen Justizrechts für die Kollision von Reichs- und Landesrecht ganz und für die zeitliche Gesetzeskollision teilweise fertiggestellt hätte. Von einer Veröffentlichung möchte ich indessen, wenigstens vorläufig, absehen in der Hoffnung, die Darstellung erst noch, insbesondere auch in der Richtung der räumlichen Gesetzeskollision, vervollständigen zu können.

[3]) Für die Justizrechtstheorie ist in der Tat richtig und gilt insbesondere gegenüber der oben S. 110 zitierten Äußerung Steins, was Hellwig, System I, § 98 Anm. 6, dem R.G. entgegnet, wenn es meint, Hellwigs Unterscheidung von Klagerhebungserfordernissen und Klagevoraussetzungen sei zwar „von theoretischem Wert", jedoch „dem Prozeßrechte der Z.P.O. fremd". Hellwig sagt: Das Prozeßrecht der Z.P.O. kennt „alle die bezeichneten Voraussetzungen und Erfordernisse, und es handelt sich nur darum, ihre Bedeutung zu erfassen, Zusammengehöriges zusammenzunehmen und zu gruppieren".

gegen die Übereinstimmung der praktischen Konsequenzen der Justizrechtstheorie mit den in Gesetzgebung, Wissenschaft und Rechtsprechung herrschenden Annahmen zu einem Beweis für die Richtigkeit der Theorie.

II. Der Rechtsschutzanspruch weist eine Reihe von Sonderbildungen auf, deren materiellrechtliche Natur so unzweifelhaft ist, daß alle Welt nach dem subjektiven Privatrecht sucht, das doch in ihnen stecken müsse, da ja der Rechtsschutzanspruch angeblich nur ein prozessuales Recht sei. Es wird sich zeigen, daß in diesen Rechtsfiguren, um deren Konstruktion und dogmatische Ausgestaltung sich die moderne Zivilrechts- und Zivilprozeßrechtswissenschaft vergeblich bemühen, **kein subjektives Privatrecht steckt. Vielmehr geht der in ihnen steckende materielle Inhalt restlos in dem publizistischen Rechtsschutzanspruch auf.** Die Aufgabe, dies nachzuweisen, ist durchaus parallel derjenigen, die ich im „Materiellen Justizrecht" (1905) für das Strafrecht zu lösen versucht habe (das. §§ 3—5). Dort suchte ich zu zeigen, daß der „Strafanspruch" der herrschenden Lehre mit dem aus dem Verbrechen erwachsenden Rechte der Justiz zur Strafverurteilung und Strafvollstreckung kongruent ist[1]). Hier handelt es sich darum, die Kongruenz der in jenen Sonderbildungen des Rechtsschutzanspruches angeblich enthaltenen Privatrechte mit dem Rechtsschutzanspruch selbst darzutun. Gelingt dieser Nachweis aber — auch er setzt freilich wieder eine monographische Darstellung jener Sonderbildungen voraus —, so **haben wir eine Kategorie von subjektiven Rechten vor uns, deren theoretische, wie praktische Erfassung überhaupt nur unter dem Gesichtspunkt des materiellen Justizrechts möglich ist.** Zu diesen Sonderbildungen des Rechtsschutzanspruches zählen nach meinen bisherigen Feststellungen einmal die Gestaltungsklagrechte[2]), sodann alle Rechte,

---

[1]) Die Begr. z. V.E., S. 9, 14, 16, spricht wieder von einem „Strafanspruch der inländischen Gerichtsgewalt"!

[2]) Im Mater. Justizr. bei Anm. 165 habe ich die Kongruenz der Gestaltungsklagrechte mit den angeblich in ihnen steckenden privaten Gestaltungsrechten noch im Anschluß an die herrschende Lehre verkannt. Es kann nicht meine Aufgabe sein, hier im Vorübergehen die herrschende Lehre eingehend zu bekämpfen; für dieselbe vor allen Seckel, Festg. d. Berl. Jur. Gesellsch. f. Koch, 1903, S. 239 ff.; Hellwig, Anspruch u. Klagrecht, S. 459 ff.; Lehrb. I, S. 393 ff.; System I, § 105; R. Schmidt, Lehrb. 2. Aufl., § 111 II; Jaeger,

auf Duldung der Zwangsvollstreckung zu klagen[1]),
— die, wie ich sie nennen möchte, anspruchslosen[2]) (Leistungs-,
besser[3]): Verurteilungs- oder) Vollstreckungsklagrechte[4]) —,

Ztschr. f. Zivilprozeß XL 134, 135; Hegler, Anerkenntnis, 1903, S. 16;
gegen sie Langheineken, Urteilsanspruch, 1899, S. 220 ff.; Hölder,
Ztschr. f. Zivilprozeß XXXIX 61, 62; Kisch, Beitr. z. Urteilslehre, 1903,
S. 68, 69, 72, 73; Stein, Komment. zu Anm. 36 vor § 253; Voraussetzungen
des Rechtsschutzes usw., S. 6, 35 (deren Bemerkungen zwingend auf ein materielles Justizrecht hinführen). Es genüge der Hinweis, daß nach überein-
stimmender Ansicht das Rechtsschutzbedürfnis für die Gestaltungsklage fehlt,
wo der Gestaltungsberechtigte die Rechtsänderung durch eigene Erklärung
herbeiführen kann, mit anderen Worten, wo er ein privates Gestaltungs-
recht hat. — Ich bemerke übrigens ausdrücklich, daß ich hier nur die Klagrechte auf privatrechtliche Gestaltung im Auge habe; die sogen. rein prozessualen „Rechtsmittelklagen" (Hellwig, Anspruch, § 59; Lehrb. I § 62;
System I § 106; Kisch, Beitr., a. a. O. S. 160 ff.) — zu denen freilich m. E.
die Widerspruchsklagen in der Zwangsvollstreckung nicht gehören
(Ungerechtfert. Vollstreckungsbetrieb, S. 58 Anm. 11) — bleiben außer Betracht;
sie sind m. E. bloße Rechtsmittel in Klageform (Kohler, Ztschr. f. Zivilproz.
XXIX 22; oben S. 123 Anm. 1 a. E.).

[1]) Vgl. über diese — zu denen auch das Anfechtungsrecht (oben S. 126
Anm. 1) gehört — jetzt vor allen W. Hein, Duldung der Zwangsvollstreckung (1911), der aber zu dem Ergebnis gelangt, daß materiellrechtlicher
Gegenstand der Duldungsklagen ein „selbständiges Haftungsverhältnis" des
bürgerlichen Rechts sei; ebenso Stein, II 1 b vor § 253. Das Ergebnis ist
begreiflich. Hein (S. 65) stellt mit Recht fest, daß es sich beim Duldungs-
prozeß „um ein neues materielles Rechtsverhältnis" handle. Dieses sucht er
nach alter Tradition nur im Privatrecht. Daß es im Vollstreckungsklagrecht
selbst liegen könne, kommt ihm nicht in den Sinn trotz des „Anschlusses an
die Lehre vom Rechtsschutzanspruch", den er S. 51 ff. sucht, und obgleich er
S. 47 Anm. 1 meine Auffassung von der materiellen Natur des Rechtsschutzanspruches erwähnt. Daß „Haftung" heutzutage nichts anderes als die „Erzwingbarkeit der Schuld im Wege der Klage und Vollstreckung" sei, lehrt
schon zutreffend O. Geib, Rechtsschutzbegehren und Anspruchsbetätigung,
1909, S. 159 ff., der nur leider immer noch diese „Erzwingbarkeit" als eine
zivilrechtliche Befugnis von der publizistischen Klag- und Vollstreckungsbefugnis trennen will; gegen Geib vgl. Goldschmidt, Ungerechtfert. Vollstreckungsbetrieb, Vorwort. Hellwig, Anspruch, S. 321; Lehrb. I, S. 226;
System I, S. 261; Langheineken, Anspruch und Einrede, 1903, S. 262 ff.;
aber auch Siber, Rechtszwang im Schuldverhältnis, 1903, S. 197; Jahrb. f.
Dogm. L 124 ff.; und die Vertreter der „Realobligation" im Pfandrecht nehmen
an, daß auch die Duldungsklagen einen Leistunganspruch geltend machen.
Vgl. zu dieser Materie noch v. Tuhr, Allgem. Teil, I, 1910, S. 107, 108.

[2]) Hellwig, System I, S. 39, 40, 259, hält eine Verurteilungs(Vollstreckungs)klage ohne Leistungsanspruch für undenkbar.

[3]) Gerade die Kategorie der „anspruchslosen Vollstreckungsklagen" zeigt,
daß der Ausdruck „Leistungsklage" nicht paßt, und daß das Wesen des Voll

schließlich — wenn ich recht sehe — das **Verfolgungsrecht** des § 44 der Konkursordnung. Die bezeichneten Sonderbildungen des Rechtsschutzanspruches sind zugleich seine typischen Vertreter. Sie übertreffen das Feststellungsklagrecht in Unabhängigkeit vom subjektiven Privatrecht und scharfer Ausprägung als selbständige subjektive öffentliche Rechte[1]). Da sie sich aber zugleich unanfechtbar als **materielle** Rechte erweisen, so sind sie zwingende Beweise für die materielle Natur des Rechtsschutzanspruches und das Dasein des **materiellen Ziviljustizrechts**.

Zweiter Beitrag.
Über die Behandlung der Rechtsschutzvoraussetzungen im Prozeß.

I.

Die Aufstellung des Rechtsschutzanspruches durch **Wach** hat als erstes praktisches Ergebnis die Aufstellung des Begriffes der „**Rechtsschutzvoraussetzungen**" gezeitigt. **Stein**[2]) sieht in den Rechtsschutzvoraussetzungen und in dem, was dieser Begriff leistet, überhaupt den einzigen praktischen Wert des Rechtsschutzanspruches.

Am schärfsten hat die Rechtsschutzvoraussetzungen **Stein** selbst herausgearbeitet[3]). Er stellt deren **drei** auf: einen **Tatbestand** (bei der Verurteilungsklage: ein Anspruch oder eine Haftung; bei der Feststellungsklage: ein Rechtsverhältnis, dessen Nichtbestehen oder die Echtheit oder Unechtheit einer Urkunde;

---

streckungstitels nicht ein Leistungsbefehl an den Schuldner sein kann (vgl. schon **Goldschmidt**, Ungerechtfert. Vollstreckungsbetrieb, S. 47 Anm. 13).

[4]) Über den Ausdruck „Vollstreckungsklagrecht" vgl. **Hellwig**, Lehrb. I, S. 46 Anm. 14; **Goldschmidt**, Ungerechtfert. Vollstreckungsbetrieb, S. 47; W. **Hein**, a. a. O. S 169 Anm. 3.

[1]) Vgl. oben S. 129 Anm. 5.

[2]) Kommentar, 10. Aufl., III a. E. vor § 253.

[3]) Über die Voraussetzungen des Rechtsschutzes, insbesondere bei der Verurteilungsklage, 1903, insbes. S. 13 ff.; Komment., IV vor § 253; vgl. aber auch **Langheineken**, Urteilsanspruch, 1899, S. 21 ff., 51 ff. („Existenzvoraussetzungen des Rechtsschutzanspruches"); R. **Schmidt**, Lehrb., 2. Aufl., S. 13 ff., 695 ff. („Rechtsschutzbedingungen"); **Hellwig**, Lehrb. I, S. 160, 161; System I, §§ 101—109 („Rechtsschutzgrund"); auch **Weismann**, Lehrb. I, § 20 („Klagbarkeitsvoraussetzungen").

bei der Gestaltungsklage: ein der Gestaltung fähiger Tatbestand); weiter **Rechtsschutzfähigkeit** dieses Tatbestandes (bei der Verurteilungsklage: Fälligkeit des Anspruches oder Dasein der in §§ 257—259 Z.P.O. aufgestellten Voraussetzungen, Nichtvorliegen der Voraussetzungen des § 1394 B.G.B. oder ähnlicher Hindernisse; letzteres Erfordernis auch wesentlich bei der Feststellungsklage); endlich ein **Rechtsschutzbedürfnis** (bei der Verurteilungsklage: gegebenen Falles Vorliegen der Voraussetzungen des § 259 Z.P.O.; der §§ 12, 550, 862, 1004, 1017, 1027, 1029, 1053, 1065, 1090, 1134, 1192, 1227 B.G.B. bei der Unterlassungsklage; es darf ferner noch nicht im Sinne des Klägers entschieden sein, oder derselbe einen anderen vollstreckbaren Titel haben; bei der Feststellungsklage: das rechtliche Interesse an der alsbaldigen Feststellung; bei der Gestaltungsklage: die Notwendigkeit des Klageweges zur Herbeiführung der Gestaltung). Der Tatbestand soll nach Stein stets dem materiellen Recht zugehören, und zwar regelmäßig dem Privatrecht, mitunter auch, z. B. bei Geltendmachung des Gehaltsanspruches eines Beamten oder des Anspruches auf Rückzahlung von Steuern, dem öffentlichen Recht, ja bei den von Stein sog. „Prozeßprozessen" sogar dem Prozeßrecht. Aber auch in diesem letzteren Fall sei der Tatbestand, als die „materia litis", im Prozeß wie eine materiellrechtliche Klagevoraussetzung zu behandeln [1]). Die übrigen Rechtsschutzvoraussetzungen dagegen, Rechtsschutzfähigkeit des Tatbestandes und Rechtsschutzbedürfnis, — man kann sie die „spezifischen Rechtsschutzvoraussetzungen" nennen — sollen nach Stein stets dem Prozeßrecht zugehören [2]). Mit Stein stimmen im wesentlichen alle überein, die den Begriff der Rechtsschutzvoraussetzungen anerkennen, insbesondere R. Schmidt [3]) und Hellwig [4]).

Demgegenüber behaupte ich [5]): **Sämtliche Rechtsschutzvoraussetzungen — auch der Tatbestand, soweit er in einer Privatrechtslage wurzelt** [6]), **— gehören dem**

---

[1]) Voraussetzungen, S. 4, 13 ff.; Komment., II 5 vor § 253.
[2]) Vorauss., S. 27; Komment., IV vor § 253.
[3]) Lehrb. a. a. O.
[4]) Lehrb., System, a. a. O.
[5]) Vgl. schon Mater. Justizr., 1905, zu Anm. 93, 94 das.
[6]) Also nicht, soweit er in einer staats- oder verwaltungsrechtlichen Lage wurzelt; vgl. oben I. Beitrag, S. 123 Anm. 1. Steins „Prozeßprozesse" betreffen m. E. zum Teil echt materiellrechtliche Klagen, zum Teil bloße Rechtsmittel in Klageform; vgl. schon oben I. Beitr., S. 136 Anm. 2 a. E. Es kommt

materiellen Ziviljustizrecht an; sämtliche Rechtsschutzvoraussetzungen sind im Prozeß als materiellrechtliche Klagevoraussetzungen zu behandeln.

Daß der in einer Privatrechtslage wurzelnde Tatbestand, insoweit er als Rechtsschutzvoraussetzung in Betracht kommt, dem materiellen Ziviljustizrecht zuzuzählen ist, soll hier, wo die Behandlung der Rechtsschutzvoraussetzungen im Prozeß im Mittelpunkt steht, nicht näher ausgeführt werden. Denn aus der Behandlung der Rechtsschutzvoraussetzungen im Prozeß läßt sich immer nur ihre materiellrechtliche, nicht aber ihre materielljustizrechtliche Natur erweisen. Daß der Tatbestand, insoweit er als Rechtsschutzvoraussetzung in Betracht kommt, eben nur als solche in Betracht kommt, erhellt schon daraus, daß er in dieser seiner Eigenschaft mit den spezifischen Rechtsschutzvoraussetzungen, der Rechtsschutzfähigkeit und dem Rechtsschutzbedürfnis, oft unlöslich verbunden ist. So sahen wir oben, daß bei der Feststellungs- und Gestaltungsklage die dafür in Frage kommenden Tatbestände ohne weiteres Rechtsschutzfähigkeit besitzen[1]); und von der Gestaltungsklage

---

aber auf diese Differenz zwischen Steins und meiner Auffassung für die Stellungnahme zu den im Text behandelten Fragen nichts an. Denn gäbe es wirklich reine „Prozeßprozesse" im Sinne Steins, so gehörte deren Gegenstand eben dem öffentlichen Recht an, käme also für das materielle Ziviljustizrecht so wenig in Betracht wie ein dem Staats- oder Verwaltungsrecht angehöriges Recht als Prozeßgegenstand; vgl. oben Beitr. I, S. 123 Anm. 1. Es verschlägt auch nichts, daß Stein, zu Anm. 44, 53 vor § 253, keinen qualitativen Unterschied zwischen einer Privatrechtslage und einer Lage des öffentlichen Rechts in ihrer Eigenschaft als im Prozeß geltendgemachter Tatbestand anerkennen will. Er müßte dann nur, was ich im Text von den in einer Privatrechtslage wurzelnden Tatbeständen behaupte, auch auf die in einer öffentlichrechtlichen Lage wurzelnden Tatbestände anwenden. Indessen Stein hat ja bei diesem seinem letzten Standpunkt nicht die Gleichbehandlung der im Prozeß geltend gemachten Tatbestände für ein materielles Justizrecht im Auge — ein solches kennt er ja nicht —, vielmehr nur ihre Behandlung im Prozeß. Und da stimme ich völlig mit ihm darin überein, daß für die Behandlung im Prozeß jeder Tatbestand als materiellrechtliche Klagevoraussetzung zu gelten hat, mag er dem materiellen Ziviljustizrecht oder dem sonstigen öffentlichen Recht angehören, und letzteren Falles die Rechtsschutzerteilung der Sache nach bloße „Verwaltungskontrolle" sein; vgl. oben I. Beitrag, S. 123 Anm. 1.

[1]) Oben S. 138, 139. Ebenso ist es bei der Arrestklage hinsichtlich der dafür als rechtsschutzfähiger Tatbestand in Frage kommenden Geldforderung. Und Hellwig behandelt bei der Leistungsklage die Fälligkeit bald als Rechtsschutzgrund (Syst. I, § 102 I 2b), bald als Tatbestandsmerkmal (Syst. II, § 251 I 2b zu Anm. 4).

sagt Stein[1]), daß dabei — „in der Regel wenigstens" — „die vorausgesetzte Sachlage" ohne weiteres das Rechtsschutzbedürfnis ergebe. Rechtsschutzfähigkeit und Rechtsschutzbedürfnis sind durchaus nicht immer selbständige Voraussetzungen des Rechtsschutzanspruches, sondern sehr oft dem Tatbestande des Rechtsschutzanspruches immanent. Es steht genau mit ihnen, wie mit den Voraussetzungen des subjektiven staatlichen Strafrechts, mit denen ich sie in Parallele gestellt habe[2]), dem Strafbedürfnis und der Straffähigkeit. Auch diese kommen gemeinhin nur in der Tatsache der Pönalisierung eines Delikts zum Ausdruck; verselbständigte Erscheinungen sind sie in Gestalt der objektiven Bedingungen der Strafbarkeit und der persönlichen Strafausschließungsgründe[3]). Wenn der Zusammenhang von Tatbestand und sonstigen Rechtsschutzvoraussetzungen noch eines Beweises bedürfte, so ergäbe er sich daraus, daß Stein bei Behandlung der Rechtsschutzvoraussetzungen jedesmal[4]) den Tatbestand in der Rechtsschutzfähigkeit bezw. dem Rechtsschutzbedürfnis aufgehen läßt und überhaupt nur von diesen beiden Rechtsschutzvoraussetzungen handelt. Ja, Stein gibt eigentlich direkt zu, daß der Tatbestand, in seiner Eigenschaft als Rechtsschutzvoraussetzung, nur als solche in Betracht kommt[5]). Zwingend erhellt es da, wo der Tatbestand des Rechtsschutzanspruches nur diesen

---

[1]) Komment., hinter Anm. 95 vor § 253.
[2]) Materielles Justizrecht, zu Anm. 282.
[3]) Rechtsschutzfähigkeit und Rechtsschutzbedürfnis gehen also mit dem Strafbedürfnis und der Straffähigkeit auch darin parallel, daß sie oft mit dem Tatbestand unlöslich verbunden sind. Damit wird der Einwand hinfällig, den Baumgarten (Aufbau der Verbrechenslehre, 1913, S. 195) gegen die von mir gezogene Parallele daraus herleiten zu können glaubt, daß die Trennung von Tatbestand einerseits und Rechtsschutzfähigkeit und Rechtsschutzbedürfnis andererseits im Ziviljustizrecht „in der vom Rechtsschutz unabhängigen Existenz des Privatrechtsanspruches eine feste Basis" habe, „die auf dem Gebiet des materiellen Strafjustizrechts mangelt, da die verbrecherische Schuld ohne die weiteren Voraussetzungen des Rechtsschutzbedürfnisses und der Rechtsschutzfähigkeit (muß heißen: des Strafbedürfnisses und der Straffähigkeit) ein juristisches Nichts ist". Weder lassen sich im Ziviljustizrecht Tatbestand — Baumgarten spricht zu eng und wenig bezeichnend von „Privatrechtsanspruch" — und sonstige Rechtsschutzvoraussetzungen stets scharf trennen, noch ist im Strafrecht die verbrecherische Schuld ohne die sonstigen Strafbarkeitsvoraussetzungen stets „ein juristisches Nichts", wie dies die Selbständigkeit der objektiven Bedingungen der Strafbarkeit und der persönlichen Strafausschließungsgründe zeigt.
[4]) Voraussetzungen, S. 46 ff.; Komment., IV vor § 253.
[5]) Voraussetzungen, S. 13—15, 35, 41; oben I. Beitrag, S. 127 Anm. 4.

und nicht zugleich auch einen Privatrechtsanspruch erzeugt, d. i. vor allem bei den Gestaltungsklagrechten und den Rechten, auf Duldung der Zwangsvollstreckung zu klagen[1]).

Indessen, wie gesagt, die Zugehörigkeit des Tatbestandes zum materiellen Ziviljustizrecht soll hier nicht Gegenstand der Beweisführung sein. **Dagegen soll nachgewiesen werden, daß nicht nur der Tatbestand, sondern auch die übrigen — spezifischen — Rechtsschutzvoraussetzungen im Prozeß, anders als die Prozeßvoraussetzungen, wie materiellrechtliche Klagevoraussetzungen behandelt werden, und daß sie daher einem materiellen Recht zugezählt werden müssen und nur dem materiellen Ziviljustizrecht zugezählt werden können.**

II.

Die spezifischen Rechtsschutzvoraussetzungen werden im Prozeß anders als die Prozeßvoraussetzungen behandelt: Sie sollen zwar von Amtswegen beachtet werden, ihre tatsächlichen Grundlagen aber dem Prinzip der formellen Wahrheit unterstehen[2]). Es soll nicht nötig sein, sie **vor** dem materiellen Tatbestand zu prüfen[3]). Der für ihr Vorhandensein maßgebende Zeitpunkt soll die Zeit des Urteils, genauer des Schlusses der letzten Tatsachenverhandlung, sein[4]). Bei ihrem Mangel soll nicht Prozeß-, sondern Sachabweisung erfolgen[5]) [6]). Es ist klar,

---

[1]) Oben I. Beitrag, S. 136, 137.

[2]) Stein, Vorauss., S. 40—44; Komment., IV 3 vor § 253; Hellwig, Lehrb. I, S. 165; System I, § 101 III 1; Wach, Feststellungsanspruch, 1889, S. 26; Langheineken, Urteilsanspruch, S. 136; Hegler, Anerkenntnis, 1903, S. 22, 23; Weismann, Lehrb. I, § 20 Anm. 15. Anderer Ansicht anscheinend nur R. Schmidt, Lehrb., S. 723.

[3]) Stein, Komm., II C 2 zu § 300 (der, III 3 d zu § 253, III 3 zu § 268, IV zu § 592, sie sogar dem Klaggrund und dem § 592 S. 1 zuweist); Hellwig, Syst. I, § 101 III 2; Weismann, Lehrb. I, § 20 IV 4. And. Reichel, Unklagbare Ansprüche, S.A. aus d. Jahrb. f. Dogm. LIX, LX S. 96, der die von ihm (S. 4, 5) als privatrechtliche Macht aufgefaßte Klagbarkeit als gewöhnliche Prozeßvoraussetzung ansieht.

[4]) Stein, Vorauss., S. 44; Komment., IV 3 vor § 253, III zu § 300; Langheineken, a. a. O. S. 135; Hellwig, Anspruch und Klagrecht, S. 136 ff.; Lehrb. I, S.187; System I, § 109 II (auch §§ 101 II, 108 IV); Weismann, Lehrb. I, § 20 IV 4; R. Schmidt, Lehrb. S. 723.

[5]) Stein, Vorauss., S. 20 ff.; Komment., IV 3 vor § 253; Langheineken, a. a. O. S. 135; Hellwig, Anspruch, S. 138 ff.; Lehrb. I, S. 162; System I, §§ 98 II 2, 99 III; Kohler, in Grünhuts Ztschr. XIV 38 (von Reichel, a. a. O.

daß eine solche Behandlung nicht prozeßrechtliche, sondern materiellrechtliche Voraussetzungen kennzeichnet, daß sie mit einem Worte der Behandlung des materiellrechtlichen Tatbestandes so ähnlich sieht, wie ein Ei dem anderen. Das ist denn auch einem so scharfsinnigen Schriftsteller, wie Stein, nicht entgangen, der wiederholt auf diese Gleichheit hinweist und gelegentlich geradezu bemerkt, der materielle Tatbestand gehöre ja schließlich auch „zu den Voraussetzungen des Rechtsschutzes"[1]).

S. 84 Anm. 1, mit Unrecht für die gegenteilige Ansicht zitiert); Prozeß als Rechtsverhältnis, 1888, S. 12; Prozeßrechtl. Forsch. S. 65; im IV. Bande von Dernburgs Bürgerl. Recht, S. 564; Weismann, Lehrb. I, § 20 IV 6; R. Schmidt, Lehrb., S. 722. Anderer Ansicht Reichel, a. a. O. S. 91; auch Seuffert, Komment., 11. Aufl., 2e zu § 256, 1b zu § 259.

[6]) Nach Weismann, Lehrb. I, § 20 IV 7, soll schließlich auf die spezifischen Rechtsschutzvoraussetzungen („Klagbarkeitsvoraussetzungen") § 295 Z.P.O. jedenfalls nicht anwendbar sein. Man könnte noch hinzufügen, daß alle die spezifischen Rechtsschutzvoraussetzungen betreffenden Normen kein „Gesetz in bezug auf das Verfahren" im Sinne der §§ 554 Abs. 3 Ziff. 2, 559 Z.P.O. sind. Stein wird das zugeben, soweit er dem „theoretischen Irrtum" des Gesetzes weichen zu müssen zugibt (Komment., IV vor § 253), nämlich von den Normen, welche die Rechtsschutzfähigkeit eines bestimmten Tatbestandes für die Verurteilungs- und Gestaltungsklage betreffen. Im übrigen setzt natürlich diese Gleichbehandlung von Tatbestand und spezifischen Rechtsschutzvoraussetzungen im Prozeß den im Text unternommenen Nachweis, daß die spezifischen Rechtsschutzvoraussetzungen dem materiellen Ziviljustizrecht zugehören, als gelungen voraus. — Bei Anm. 21 zu § 536 und bei Anm. 28 zu § 559 behauptet Stein (Komment.), daß in den Rechtsmittelinstanzen das Rechtsschutzinteresse der Feststellungsklage, gleich einer unverzichtlichen Prozeßvoraussetzung, ultra petita partium zu prüfen sei. Diese Behauptung steht aber im Widerspruch damit, daß das „Rechtsschutzinteresse" der Feststellungsklage, anders als die unverzichtlichen Prozeßvoraussetzungen, dem Prinzip der materiellen Wahrheit, der von Stein sogen. „Prüfung von Amtswegen im technischen Sinn" (Stein, Komment., hinter Anm. 27 vor § 128) nicht unterliegen soll (oben S. 142 zu Anm. 2), was Stein auch gerade bezüglich des Feststellungsinteresses ausdrücklich zugibt (Komment., bei Anm. 132 zu § 256). In den von Stein (Komment., Anm. 131 zu § 256, Anm. 21 zu § 536, Anm. 28 zu § 559) zitierten Reichsgerichtsentscheidungen (E.Z. LVIII 57 ff., LXXIII 85; bei Gruchot Bd. 49 S. 112; Jurist. Wochenschr. 1904 S. 493; 1905 S. 399, 461) vermag ich eine Bestätigung seiner Behauptung nicht zu erblicken. Alle diese Entscheidungen bleiben, wenn sie das Feststellungsinteresse prüfen, intra petita partium. Eine scheinbare Ausnahme macht R.G. in der Jurist. Wochenschr. 1905 S. 399. Bei näherem Zusehen ergibt sich indessen, daß auch in dieser Entscheidung nicht die Verletzung des § 256 Z.P.O. ultra petita beachtet wird, sondern die des § 538 Ziff. 3 Z.P.O. Es geht dies auch aus dem Hinweis der Entscheidung auf R.G. E.Z. XIV 355, XXII 391 hervor.

[1]) Voraussetzungen, S. 41.

Aber da Stein zwar einerseits die spezifischen Rechtsschutzvoraussetzungen mit Recht als publizistische anspricht, andererseits die Kategorie des materiellen Ziviljustizrechts erst nicht kennt und späterhin nicht anerkennt, so bleibt ihm nichts anderes übrig, als die Rechtsschutzvoraussetzungen dem Prozeßrecht zuzuteilen. **Die Justizrechtstheorie liefert die Synthese, um den materiellrechtlichen Tatbestand und die spezifischen Rechtsschutzvoraussetzungen zusammenzufassen und die Übereinstimmung der prozessualen Behandlung dieser und jenes zu erklären.**

In der Tat ist es doch völlig unerlaubt, juristische Tatsachen dem Prozeßrecht zuzuschieben und sie dann ganz wie materiellrechtliche zu behandeln. Was heißt denn die Unterstellung juristischer Tatsachen unter eine Rechtsrubrik anderes, als daß sie im einzelnen so behandelt werden sollen, wie eben juristische Tatsachen dieser Rubrik! Es reicht doch zur Qualifizierung von Tatsachen als prozessuale nicht aus, daß sie offenbar keine privatrechtlichen sind. Kennt unser Recht Tatsachen, die materiell sind, ohne privatrechtlich zu sein, so kennt es in der Sache materielles publizistisches Recht, m. a. W. materielles Justizrecht, und widerlegt damit die gegenteilige Behauptung Steins[1]), daß die Rubrik des „materiellen Justizrechts" unseren Gesetzen unbekannt und daher praktisch unbrauchbar sei. Ohne Anerkennung des materiellen Justizrechts schwebt die ganze Kategorie der spezifischen Rechtsschutzvoraussetzungen, welche ihre Vertreter so scharf von den Prozeßvoraussetzungen trennen[2]), in der Luft.

Dabei kann zunächst ganz dahingestellt bleiben, ob die spezifischen Rechtsschutzvoraussetzungen (Rechtsschutzfähigkeit des Tatbestandes, Rechtsschutzbedürfnis) sich in ihrer prozessualen Behandlung überhaupt irgendwie von dem Tatbestand abheben. Selbst wenn Unterschiede in der prozessualen Behandlung nachweisbar wären, so wären dieselben so geartet[3]), daß sie die

---

[1]) Komment., Anm. 72 vor § 253; oben I. Beitrag, S. 110. Dazu die in Beitrag I S. 109 Anm. 2 zitierten Ausführungen Degenkolbs, Beiträge zum Zivilprozeß, 1905, S. 11, 20 ff., 57 Anm. 2, S. 88, 89, 90.
[2]) Vgl. auch Seuffert, Komment., 2e zu § 256: Das Feststellungsinteresse sei keine „Prozeßvoraussetzung", sondern „Voraussetzung des publizistischen Klagerechts und gehöre zum publizistischen Klagegrunde"; ferner Kohler, an den oben in S. 142 Anm. 5 zitierten Stellen.
[3]) Vgl. unten S. 157 ff., 160, 161.

Homogenität der drei von Stein selbst schon¹) koordinierten Rechtsschutzvoraussetzungen: Tatbestand, Rechtsschutzfähigkeit, Rechtsschutzbedürfnis als materielljustizrechtliche nicht erschüttern könnten. Freilich, R. Schmidt scheint die spezifischen Rechtsschutzvoraussetzungen den Prozeßvoraussetzungen näher stellen zu wollen als den „Anspruchsvoraussetzungen", d. i. dem Tatbestand²). Aber R. Schmidt will anscheinend die spezifischen Rechtsschutzvoraussetzungen, gleich den unverzichtlichen Prozeßvoraussetzungen, dem Prinzip der materiellen Wahrheit unterwerfen³). Damit steht er indessen — soweit ich sehe — allein. Und Hellwig will die spezifischen Rechtsschutzvoraussetzungen, den von ihm sog. „Rechtsschutzgrund", zusammen mit der Parteifähigkeit, dem Prozeßführungsrecht, der inländischen und ordentlichen Gerichtsbarkeit, der Zulässigkeit des Rechtsweges und dem Mangel von Prozeßeinreden (wie Einrede der Rechtshängigkeit usw.) zu „prozessualen Klagevoraussetzungen" zusammenfassen⁴). Aber schon Hellwig selbst muß schwerwiegende Unterschiede zwischen dem „Rechtsschutzgrund" und den übrigen seiner prozessualen Klagevoraussetzungen zugeben. So untersteht jener dem Prinzip der formellen Wahrheit, diese unterstehen ihm in der Regel nicht⁵). Diese müssen vor den materiellen Klagevoraussetzungen (d. i. dem Tatbestand) geprüft werden, jener nicht⁶). Diese sind allgemeine, ihr Mangel hindert ein Urteil zur Hauptsache überhaupt; jener ist ein besonderer, sein Mangel hindert nur ein Urteil zur Hauptsache zugunsten des Klägers⁷). Danach würden also nach Hellwig selbst als Bindeglieder zwischen dem Rechtsschutzgrund und den von ihm sog. allgemeinen prozessualen Klagevoraussetzungen nur übrig bleiben, daß der für beider Vorhandensein maßgebende Zeitpunkt der des Urteils sei, und daß bei beider Mangel **Sachabweisung wegen Unzulässigkeit**, d. h. weder **Prozeßabweisung**, wie bei Mangel von **Prozeßvoraussetzungen**, noch

---

¹) Voraussetzungen usw. a. a. O. S. 13 ff.

²) Lehrb., a. a. O., § 115.

³) A. a. O. S. 723; oben S. 142 Anm. 2.

⁴) Anspruch und Klagrecht, S. 141 ff.; Lehrb. I 150 ff.; System I, §§ 98, 99, 100.

⁵) Hellwig, System I, §§ 101 III 1, 143 I, II 1.

⁶) Hellwig, System I, §§ 99 IV, 101 III 2.

⁷) Hellwig, System 1, § 98 II 1 b, 2 a α.

Abweisung als **unbegründet** bezüglich der **Hauptsache** zu erfolgen habe [1]).

Aber beide Bindeglieder sind höchst problematische.

III.

Daß für das Vorhandensein der von Hellwig sogen. **allgemeinen** prozessualen Klagevoraussetzungen, gleichwie für das Vorhandensein des Rechtsschutzgrundes, der Zeitpunkt des Urteils maßgebend ist, habe ich bezüglich der den allgemeinen prozessualen Klagevoraussetzungen an die Seite zu stellenden prozessualen Strafrechtsvoraussetzungen oder — wie ich jetzt sagen möchte — Verfolgbarkeitsvoraussetzungen [2]) selbst angenommen [3]). Indessen könnte diese Eigentümlichkeit keinesfalls in dem Sinne ein Bindeglied zwischen den allgemeinen prozessualen Klagevoraussetzungen und dem Rechtsschutzgrund sein, daß sie beide in einen gemeinsamen Gegensatz zu den von Hellwig als solchen anerkannten **materiellen** Klagevoraussetzungen zu bringen imstande wäre. Denn die Maßgeblichkeit der Zeit des Urteils für ihr Vorhandensein wäre ja gerade eine Eigentümlichkeit, welche die prozessualen Klagevoraussetzungen mit den materiellen teilten [4]). Sie könnte mithin kein Kriterium dafür sein, daß der Rechtsschutzgrund eine **prozessuale** Klagevoraussetzung und **keine materielle** ist.

Mir sind aber allmählich Bedenken aufgestiegen, ob der für das Vorhandensein der allgemeinen prozessualen Klagevoraussetzungen maßgebende Zeitpunkt wirklich der nämliche ist, wie der für das Vorhandensein des materiellen Tatbestandes und des Rechtsschutzgrundes maßgebende, und ob der maßgebende Zeitpunkt für die allgemeinen prozessualen Klagevoraussetzungen überhaupt prinzipiell anders zu bestimmen ist als für die sonstigen Prozeßvoraussetzungen, insbesondere für die von Hellwig in seinem „System" [5]) sog. „Klageerhebungserfordernisse".

---

[1]) Hellwig, Lehrb. I 187, 162; System I, §§ 109 II, 98 II, 99 III.
[2]) Deutsche Jurist.Ztg. XVII 1317; oben I. Beitrag, S. 117 Anm. 2.
[3]) Materielles Justizrecht, 1905, bei Anm. 311.
[4]) Hellwig, System I, § 109 II.
[5]) I, § 98 III. Hellwig erklärt a. a. O. bei Anm. 11 selbst, er gebe seine früheren Versuche, die „Klageerhebungserfordernisse" „Prozeßvoraussetzungen" zu nennen, „als aussichtslos" auf. In der Tat sind die „Klageerhebungserfordernisse" nur eine Art sogar der Gattung „Prozeßvoraussetzungen" im **engeren** Sinn (d. i. unter Ausschluß der von Hellwig sogen. allgemeinen

Wenn gelehrt wird, daß der für das Vorhandensein des materiellen Tatbestandes und des Rechtsschutzgrundes maßgebende Zeitpunkt der des Urteils sei, so ist man — wie bereits oben erwähnt — darüber einig, daß damit genauer der Zeitpunkt des Schlusses der letzten Tatsachenverhandlung gemeint ist [1]). Ändert sich also der für die Feststellung des materiellen Tatbestandes oder Rechtsschutzgrundes maßgebende Tatsachenkomplex in der Revisionsinstanz, so ist diese Änderung nicht mehr zu berücksichtigen (§ 561 Z.P.O.). Gerade bezüglich des Rechtsschutzgrundes der **Fälligkeit** der Klagforderung hat dies das Reichsgericht ausdrücklich ausgesprochen [2]). Nach **Hellwig** soll anscheinend bezüglich der **allgemeinen** prozessualen Klagevoraussetzungen dasselbe gelten [3]). Das ist indessen sicherlich nicht der Fall. Tritt z. B. die Unzulässigkeit des Rechtsweges [4]) oder

---

prozessualen Klagevoraussetzungen); vgl. schon **Goldschmidt**, Mater. Justizr., bei Anm. 333; unten S. 150 Anm. 3. Aber auch die von **Hellwig** sogen. allgemeinen prozessualen Klagevoraussetzungen bleiben eine Art der Gattung: Prozeßvoraussetzungen im **weiteren** Sinn = Sachurteilsvoraussetzungen; so **Goldschmidt**, Mater. Justizr., Anm. 93, 306 u. bei Anm. 294; unten S. 150 Anm. 3 u. S. 157; ebenso **Reichel**, Unklagbare Ansprüche, S. 88, der freilich mit Unrecht die Klagbarkeit zu den Prozeßvoraussetzungen zählt.

[1]) Vgl. oben S. 142 bei Anm. 4.

[2]) E.Z. LVII 47. Nicht im — wenigstens grundsätzlichen — Widerspruch damit R.G. E.Z. LXIII 142, 143 (Berücksichtigung der Patentvernichtung in der Revisionsinstanz wegen ihrer rückwirkenden Kraft).

[3]) Vgl. die oben S. 142 in Anm. 4 zitierten Stellen bei **Hellwig**.

[4]) Z. B. durch Erhebung des einfachen Konflikts. Daß das R.G. E.Z. XLVIII 195 die Erhebung eines landesrechtlich zulässigen **Kompetenzkonflikts** aus staatsrechtlichen Gründen für unzulässig erachtet hat, wenn die Sache beim **Reichs**gericht anhängig ist, steht auf einem anderen Blatt. Das R.G. E.Str. XXXIII 204 hat die vom Landesherrn in der Revisionsinstanz verfügte Abolition beachtet (was beiläufig staatsrechtlich im Widerspruch mit E.Z. XLVIII 195 steht). Auch an das nachträgliche Eintreten einer Unzulässigkeit des Rechtsweges infolge einer **Änderung der Gesetzgebung** ist hier zu denken (vgl. **Weismann**, Lehrb. I, § 89 IV 2), mag es sich dabei auch nicht um eine Änderung der Tatsachen, sondern der Rechtsnormen handeln, ein Unterschied, der nicht immer scharf genug hervorgehoben wird (z. B. **Hellwig**, System 1, § 109 Anm. 3 Satz 2, der das. zu I statt zu II gehört hätte). Es gilt aber hier nichts anderes als dort. **Hellwig** a. a. O. will freilich anscheinend — hier dem entgegengesetzten Extrem sich anschließend — **Gesetzeswechsel stets**, auch auf dem Gebiete des **materiellen** Rechts, in der Revisionsinstanz beachtet wissen. Das steht indessen nicht nur im Widerspruch mit der Lehre des intertemporalen Privatrechts (vgl. z. B. **Habicht**, Die Einwirkung des B.G.B. auf zuvor entstandene Rechtsverhältnisse, 3. Aufl., 1901, S. 20; R.G. E.Z. XLV 98, 421), sondern auch mit dem, was **Hellwig**

die Exterritorialität des Beklagten, oder treten etwa die Voraussetzungen der Last, Sicherheit für die Prozeßkosten zu leisten, im Laufe der Revisionsinstanz ein, so sind die darauf bezüglichen Tatsachen entschieden von dem Revisionsgericht zu berücksichtigen[1]). Muß man dies aber zugeben, so ist damit erwiesen, daß der für das Vorhandensein der **allgemeinen** prozessualen Klagevoraussetzungen maßgebende Zeitpunkt nicht identisch ist mit dem für das Vorhandensein des materiellen Tatbestandes und des Rechtsschutzgrundes maßgebenden.

Der für ihr Vorhandensein maßgebende Zeitpunkt ist aber für die allgemeinen prozessualen Klagevoraussetzungen überhaupt prinzipiell nicht anders zu bestimmen als für die sonstigen Prozeßvoraussetzungen, insbesondere für die von Hellwig sog. „Klageerhebungserfordernisse". Gewiss, wenn die prozessuale Klagevoraussetzung der Zulässigkeit des Rechtsweges zur Zeit des Urteils fehlt, so muß Klageabweisung ergehen, mag auch zur Zeit der Klagerhebung der Rechtsweg zulässig gewesen sein. Ist das aber anders bei der von Hellwig als „Klageerhebungserfordernis" bezeichneten Zulässigkeit der Prozeßart[2])? Andererseits schadet der während des Prozesses

---

früher selbst speziell für die prozessualen Klagevoraussetzungen gelehrt hat (Lehrb. I, § 25 I 2, wo Anm. 1 auf Lehrb. § 29 II und also auch auf Anm. 9 daselbst verwiesen wird). Mit Unrecht beruft sich Hellwig (System I, § 109 Anm. 3) auf das oben S. 147 in Anm. 2 zitierte R.G. E.Z. LXIII 142, 143. Dieses Urteil bezieht sich in Wahrheit überhaupt auf keinen Fall des **Gesetzeswechsels** (oben S. 147 Anm. 2). Soweit es aber die **Analogie** eines solchen Falles heranzieht, bezieht es sich nur auf den Fall, daß das neue Gesetz eine „authentische Interpretation" enthält; in diesem Fall ist in der Tat das neue Gesetz auch in der Revisionsinstanz zu beachten (vgl. z. B. Kipp zu Windscheid, 9. Aufl., I § 33 Anm. 4). Es steht daher auch R.G. E.Z. LXIII 142, 143, keineswegs, wie Hellwig a. a. O. meint, mit R.G. E.Z. XLV 95 ff., 418 ff., oder gar mit R.G. E.Z. LVII 47 im Widerspruch (oben S. 147 Anm. 2). Das Ergebnis ist: **Der für das anzuwendende Recht maßgebende Zeitpunkt ist, nicht minder wie der für die tatsächlichen Voraussetzungen maßgebende, bezüglich der allgemeinen prozessualen Klagevoraussetzungen ein anderer als bezüglich des materiellen Tatbestandes und des „Rechtsschutzgrundes".**

[1]) Ebenso Stein, Komment. II 2, 3 zu § 561, IV 2 zu § 559.

[2]) Hellwig, System I, § 98 II 1a. Wer mit Wach, Feststellungsanspruch, S. 24; Stein, Urkunden- und Wechselprozeß, 1887, S. 55 ff.; Komment. III vor § 592; Langheineken, Urteilsanspruch, S. 55 ff., einen „summarischen Urteilsanspruch" als besondere Art des Rechtsschutzanspruches annimmt, für den wird die „Zulässigkeit der Prozeßart" sogar als spezifische

eintretende Wegfall der Parteifähigkeit, die doch nach Hellwig eine prozessuale Klagevoraussetzung ist, genau so wenig wie der

---

Rechtsschutzvoraussetzung erscheinen müssen; so in der Tat Stein, Komment. I zu § 592; Langheineken, a. a. O. S. 56 bei Anm. 12; im Ergebnis auch Weismann, Lehrb. I, § 116 I. Indessen möchte ich mit Hellwig, Anspruch und Klagrecht, § 22 a. E.; Klagrecht und Klagmöglichkeit, § 6 V, keinen besonderen „summarischen Urteilsanspruch" annehmen. Es handelt sich beim Urkunden- und Wechselprozeß — wie beim Mahnverfahren — nur um eine besondere Form der Ausübung des Verurteilungs(Vollstreckungs)klagrechts (so auch Stein, Voraussetzungen, S. 8, unter Berufung auf Hellwig). Höchstens könnte man sagen, daß im Urkundenprozeß das typische Ziel des Vollstreckungsklagrechts, die Erwirkung eines Vollstreckungstitels, in seiner Reinheit zum Ausdruck kommt, indem hier das sonst der Vollstreckungsklage beigemischte Ziel, die Erwirkung einer rechtskraftfähigen Feststellung, wegfällt. Und ausschlaggebend ist, daß die besonderen Voraussetzungen des Urkundenprozesses, vor allen die Urkundlichkeit der anspruchsbegründenden Tatsachen, Prozeß-, aber keine Rechtsschutzvoraussetzungen sind. Dafür spricht, von anderem abgesehen, die ihnen gebührende prozessuale Behandlung. Ihre tatsächlichen Voraussetzungen unterstehen dem Prinzip der materiellen Wahrheit (Beweis: § 597 Abs. 2 Z.P.O.; so auch Stein, Komment. III 1, 2 zu § 597). Der für ihr Vorhandensein maßgebende Zeitpunkt ist jedenfalls grundsätzlich der der Klagerhebung (Beweis: § 593 Abs. 2 Z.P.O.; so auch Kohler, Prozeßr. Forsch., 1889, S. 123; D.J.Z. XVIII 1288; R. Schmidt, Lehrb. S. 572 Anm. 5). Bei ihrem Mangel ergeht Prozeß-, nicht Sachabweisung. Während alle diese Folgerungen, die doch offensichtlich auf Prozeß-, nicht auf Rechtsschutzvoraussetzungen hinweisen, im wesentlichen zugegeben werden, wird die behauptete Natur der Voraussetzungen des Urkundenprozesses als Rechtsschutzvoraussetzungen damit belegt, daß sie nicht notwendig vor dem eingeklagten Anspruch zu prüfen seien; denn es soll trotz feststehenden Mangels der Urkundlichkeit des Anspruches Abweisung mit dem Anspruche sogar erfolgen müssen, wenn gleichzeitig feststeht, daß auch der Anspruch unbegründet ist (so Stein, Urkundenprozeß, S. 230; Voraussetz. S. 21, 22; Komment. VI 2 zu §597; Weismann, Lehrb. I, § 116 VIII 2b). Es mag dahingestellt bleiben, ob diese letztere Ansicht überhaupt zutrifft, und ob nicht vielmehr mit Wach, Krit. Vierteljahrsschr. XV 368 (eigentlich im Gegensatz zu Feststellungsanspruch, S. 24), und der in der Praxis überwiegenden Ansicht (Oberlandesgerichte Hamburg und Marienwerder, in Seufferts Archiv XLVIII Nr. 226, LV Nr. 45) anzunehmen ist, daß bei konkurrierendem Mangel von Voraussetzungen des Anspruches und des Urkundenprozesses die Klage „als in der gewählten Prozeßart unstatthaft" abgewiesen werden muß. Sollte man auch im Ergebnis anderer Auffassung sein — und dafür spricht, daß der Mangel der Urkundenprozeßvoraussetzungen einem Anerkenntnisurteil nicht entgegensteht (Stein, Komment. III 3 zu § 597) —, so wäre der Grund sicher nicht, daß die besonderen Voraussetzungen des Urkundenprozesses Rechtsschutzvoraussetzungen, nur Voraussetzungen des Obsieges des Klägers, nicht eines Sachurteiles überhaupt sind. Denn diese theoretische Grundanschauung erklärt gerade nicht, warum bei Konkurrenz von Mängeln der Anspruchs- und der Urkundenprozeß-Voraussetzungen Abweisung

während des Prozesses eintretende Wegfall der Prozeßfähigkeit oder gesetzlichen Vertretungsmacht, die nach **Hellwig** Klageerhebungserfordernisse sind[1]); vielmehr tritt — wenigstens grundsätzlich[2]) — hier wie dort Unterbrechung des Verfahrens ein. Freilich, ein Sachurteil kann nur gegen eine parteifähige Partei ergehen, aber auch nur gegen eine prozeßfähige, bzw. den gesetzlichen Vertreter einer prozeßunfähigen; auch insofern besteht also nicht der geringste Unterschied zwischen der prozessualen Klagevoraussetzung der Parteifähigkeit und den Klageerhebungserfordernissen der Prozeßfähigkeit und gesetzlichen Vertretungsmacht.

Das Richtige dürfte sein: **Sämtliche Prozeßvoraussetzungen oder besser Sachurteilsvoraussetzungen**[3]),

---

mit dem Anspruche erfolgen müsse (so **Stein**, Kommentar VI 2 zu § 597); hat doch bei Konkurrenz von Tatbestandsmangel und Mangel spezifischer Rechtsschutzvoraussetzungen der Richter die **Wahl**, ob er aus diesem oder aus jenem Grunde abweisen will (**Stein**, Komment. II C 2 zu § 300; oben S. 142 Anm. 3). Und daß das Anerkenntnis gerade die Feststellung der spezifischen Rechtsschutzvoraussetzungen erübrige, wird zwar von **Stein** (Komment., Anm. 123 zu § 256, III zu § 259, IV 2 zu § 307) behauptet, aber von der in der Literatur wohl überwiegenden Ansicht bestritten (**Wach**, Hdb. I S. 21 Anm. 18; **Flechtheim**, Ztschr. f. Zivilprozeß XXV 440; **Seuffert**, Komment. 2e zu § 256; **Hellwig**, Anspruch, S. 159; **Hegler**, Anerkenntnis, S. 22 ff.). Nein, wenn wirklich der Mangel der besonderen Urkundenprozeßvoraussetzungen weder eine Abweisung mit dem Anspruche (§ 597 Abs. 1 Z.P.O.), noch ein Anerkenntnisurteil hindert, so ist der Grund, daß die sich ergebende liquide Möglichkeit einer **Ordinarentscheidung** den Prozeß **ipso jure**, jedenfalls der **Sache** nach, in das **Ordinarverfahren** überleitet, womit die besonderen **Urkundenprozeß**voraussetzungen sich erübrigen. So schon im wesentlichen **Hegler**, S. 29; aber auch R. Schmidt, Lehrb., § 91 IV 2; **Wach**, Vorträge über die R.Z.P.O., 2. Aufl., S. 311; **Langheineken**, Urteilsanspruch, S. 57 ff.; und schließlich **Stein**, Komment. III vor § 592.

[1]) System I, § 98 II 1a.

[2]) Unzweifelhaft im Falle des Todes einer **natürlichen** Person und im Falle des Todes einer **juristischen** Person dann, wenn das Vermögen als **Ganzes** auf ein anderes Rechtssubjekt übergeht; **Stein**, Komment. I 3 zu § 239. In der Theorie überwiegt sogar die Ansicht, daß auch im Falle des Endes einer **juristischen Person stets** Unterbrechung des Verfahrens eintritt; vgl. die bei **Stein**, Komment., Anm. 9 zu § 239, Zitierten, insbes. **Weismann**, Lehrb. I, S. 373, 285, §§ 89 IV 8, 72 A I 1.

[3]) Man gibt am besten den aus einer romanistischen oder — wie sich **Nußbaum**, Die Prozeßhandlungen, 1908, S. 129, im Anschluß an die österreichische Rechtssprache, ausdrückt — „meritorischen" Prozeßauffassung hervorgegangenen Namen „Prozeßvoraussetzungen" (O. **Bülow**) auf und ersetzt ihn durch: „Sachurteilsvoraussetzungen". Denn was alle die sogen. „Prozeß-

voraussetzungen" zusammenhält, ist letztlich ihre Eigenschaft, Bedingungen eines Sachurteils zu sein. Das wird besonders deutlich durch die Tatsache, daß der den Prozeß statt eines Urteils beendigende Prozeßvergleich, obgleich er doch eine Prozeßhandlung ist, in seiner Gültigkeit von den sogen. „Prozeßvoraussetzungen" nicht abhängt, nicht einmal von derjenigen, die sonst unverzichtlich ist und die Gültigkeit des ganzen Verfahrens bedingt: der Zulässigkeit des Rechtsweges. Die „Prozeßvoraussetzungen" stehen eben sämtlich und ausschließlich in Zweckbeziehung zum Urteil, werden also gegenstandslos, wenn es zum Urteil nicht kommt; so auch Stein, Komment. II 2a zu § 794; H. Lehmann, Der Prozeßvergleich, 1911, S. 210. Da die „Prozeßvoraussetzungen" „Sachurteilsvoraussetzungen" sind, so gehören denn auch in diese Kategorie die Voraussetzungen sämtlicher Prozeßhandlungen und, insofern sie Voraussetzungen des Urteils sind, die Prozeßhandlungen selbst; vgl. Goldschmidt, Materielles Justizrecht, bei Anm. 333. Es ist wiederum eine Folge der romanistischen Prozeßauffassung, daß man bald, wie Hellwig (oben S. 146 Anm. 5) und Weismann (Lehrb. I, § 89), nur die Voraussetzungen der „Klage", bald, wie Stein (Komm. I 1 zu § 274) und Seuffert (Komment. 1 zu § 274), nur die Voraussetzungen des Prozesses „als Ganzen", bald, wie Stein (a. a. O.) und R. Schmidt (Lehrb., §§ 4 III, 104 II), nur Tatsachen „neben den Prozeßhandlungen" als Prozeßvoraussetzungen, d. i. doch = Sachurteilsvoraussetzungen, anerkennen will. Die Vertreter der letztgenannten Ansicht geraten dabei in den schroffsten Gegensatz zu den Vertretern der erstgenannten Ansicht, da sie die korrekte Klagerhebung, konsequent ihrer Auffassung, von den Prozeßvoraussetzungen ausschließen (ebenso übrigens auch Kohler, Prozeß als Rechtsverhältnis, 1888, S. 56), während die Vertreter der erstgenannten Ansicht gerade die „Klageerhebungserfordernisse" mit den Prozeßvoraussetzungen gleichsetzen. Der m. E. richtigen Ansicht am nächsten kommt R. Schmidt (Lehrb., § 104 I), der wenigstens alle Sachurteilsvoraussetzungen mit Ausnahme der Prozeßhandlungen, also z. B. auch vorschriftsmäßige Gerichtsbesetzung, Unparteilichkeit der Gerichtspersonen, als Prozeßvoraussetzungen gelten läßt. Zwar Nußbaum, a. a. O. S. 131, polemisiert heftig gegen R. Schmidt und meint, einer so umfassenden Kategorie von Prozeßvoraussetzungen, wie sie R. Schmidt abgrenze und (Lehrb., § 104 II) dahin definiere, „daß sie das Verfahren als eine durch die Richtung auf einen bestimmten Zweck zusammengefaßte Handlungseinheit in ihrer rechtlichen Existenz und Wirksamkeit beeinflussen", könne ein „juristischer Wert nicht mehr beigemessen werden". Indessen Nußbaum übersieht, daß Schmidts Definition nur den von aller Welt zugegebenen Begriff der Prozeßvoraussetzungen = Sachurteilsvoraussetzungen wiedergibt, und daß Schmidt bei seiner Rubrizierung im einzelnen nur die Konsequenz aus dieser Begriffsbestimmung zieht, während die anderen trotz allen Protestes immer noch im Banne von O. Bülows Lehre, daß Prozeßvoraussetzungen Voraussetzungen des Prozeßverhältnisses seien, stehen. Übrigens gehörte die exceptio judicis inhabilis vel suspecti schon im gemeinen Prozeß zu den Prozeßeinreden (Wetzell, System des ordentl. Zivilproz., 3. Aufl., § 14 vor Anm. 111). Frei von dem Banne der Lehre O. Bülows ist allerdings — insoweit ist Nußbaum beizupflichten — auch R. Schmidt nicht, indem er (Lehrb., § 104, S. 663 Anm. 2) als Prozeßverhältnis nur ein solches gelten lassen will, das zu einer Sachentscheidung führt. Und mögen dieselben nun im Sinne **Hellwigs allgemeine prozessuale Klagevoraussetzungen**[1]) oder **Klageerhebungserfordernisse** sein, **müssen grundsätzlich vorliegen zur Zeit der Vornahme derjenigen Prozeßhandlung, deren Gültigkeit sie bedingen. Fehlen sie zu diesem Zeitpunkt, so ist die betreffende Prozeßhandlung ungültig, und es kann kein Sachurteil ergehen.** Als Beispiele nenne ich: die Beobachtung der Erfordernisse für Inhalt und Zustellung der Klageschrift; die vorschriftsmäßige Gerichtsbesetzung, die Mitwirkung von Gerichtspersonen, die weder ausgeschlossen noch mit Erfolg abgelehnt waren, sowie die vorschriftsmäßige Öffentlichkeit für die mündliche Verhandlung; die Wahrung der Fristen und Formen bei der Rechtsmittel- und Einspruchseinlegung. Der genannte Grundsatz erfährt eine Modifikation durch die weitgehende Zulassung der Heilung ungültiger Prozeßhandlungen[2]). Als Beispiele nenne ich nicht nur die Heilung gemäß § 295 Z.P.O., sondern auch die

---

ebenso ist die oben erwähnte Ausscheidung der Prozeßhandlungen aus der Kategorie der Prozeßvoraussetzungen (Sachurteilsvoraussetzungen) durch R. Schmidt offenbar ein Rest der Lehre, die als Prozeßvoraussetzungen nur die Voraussetzungen des Prozeßverhältnisses ansieht. Die von Nußbaum a. a. O. S. 133 ff. selbst aufgestellten Begriffe der „Klagevoraussetzungen und Sachurteilserfordernisse" sind, wie bereits Stein (Anm. 12 zu § 274) bemerkt, „willkürlich". Sie erschöpfen nach Nußbaums (a. a. O. S 134 Anm. 4) eigenem Zugeständnis den vorhandenen Stoff nicht. Es sind aber auch die von Nußbaum (a. a. O. S. 137—139) aus der Unterscheidung gezogenen praktischen Konsequenzen einesteils ohne prinzipielle Bedeutung, anderenteils geradezu unrichtig. Jenes gilt von der wiederum behaupteten Verschiedenheit des für das Vorhandensein der „Klagevoraussetzungen" und „Sachurteilserfordernisse" maßgebenden Zeitpunktes. Dieses gilt von der Behauptung, daß die „Klagevoraussetzungen", also z. B. die von Nußbaum zu ihnen gezählte Zugehörigkeit des Beklagten zur inländischen Gerichtsbarkeit, vor den „Sachurteilserfordernissen", also z. B. vor der von Nußbaum hierher gezählten Zuständigkeit des Gerichts, zu prüfen seien; ebenso von der Behauptung, daß auch bei endgültigem Feststehen des Mangels einer „Klagevoraussetzung", also z. B. der von Nußbaum als solche bezeichneten Parteifähigkeit, nur die Versäumnisanträge des Klägers durch Beschluß nach § 335 Z.P.O. zurückzuweisen seien, aber nicht Klagabweisung nach § 331 Abs. 2 zu erfolgen habe.

[1]) Ich sehe dabei ab von dem Prozeßführungsrecht, welches Hellwig zu den allgemeinen prozessualen Klagevoraussetzungen rechnet, das aber m. E. (oben I. Beitrag, S. 121 Anm. 1) dem Privatrecht zuzuzählen und mithin ein Stück des materiellen Tatbestandes, ein „Teil des Klaggrundes" (so mit Recht auch Stein, Komment. IV vor § 50) ist.

[2]) Vgl. schon Stein, Komment. III a. E. zu § 300.

Heilung der Unzuständigkeit, insbesondere durch Prorogation[1]); der Partei- und Prozeßunfähigkeit, sowie des Mangels der gesetzlichen Vertretungsmacht durch Genehmigung der partei- oder prozeßfähig gewordenen Partei bzw. ihres gesetzlichen Vertreters; des Mangels der Prozeßvollmacht durch Genehmigung der Partei oder eines zu ihrer Vertretung Befugten; der Unzulässigkeit des Rechtsweges[2]) und der Exemtion von der ordentlichen, inländischen Gerichtsbarkeit, aber auch der Unzulässigkeit der Prozeßart[3]) durch nachträglichen Wegfall des Hindernisses; endlich des anfänglichen Daseins der Prozeßeinrederechte der Ziff. 3—6 des § 274 Z.P.O. durch ihren nachträglichen Wegfall[4]).

Dagegen ist es keine Ausnahme von dem oben aufgestellten Grundsatz, daß der nachträgliche Wegfall anfänglich vorhandener Sachurteilsvoraussetzungen das Sachurteil ausschließt,

---

[1]) Stein a. a. O. und IV zu § 263; Weismann, Lehrb. I, § 89 IV 1 zu Anm. 8 das.

[2]) Stein, Anm. 53 zu § 148; Weismann a. a. O. zu Anm. 9 das.

[3]) Z. B. beim Urkundenprozeß durch nachträgliche Errichtung einer als Beweismittel für die anspruchsbegründenden Tatsachen dienenden Urkunde oder durch nachträgliche Umwandlung des Klageanspruches in eine Geldforderung.

[4]) Stein, Anm. 14 zu § 263; Anm. 76 zu § 271; Weismann a. a. O., Nr. IV 4; Hellwig, System I, § 109 II 2b. Es scheint mir aber eine Umkehrung des normalen Sachverhalts zu sein, wenn nach Hellwig das Ergebnis z. B. für die Einrede der Rechtshängigkeit — die er zu den (negativen) prozessualen Klagevoraussetzungen rechnet (System I, § 99 II 3a α) — ist, daß es für ihr Durchgreifen prinzipiell auf den Zeitpunkt des Urteils ankommt (Hellwig, System I, § 109 II 2b). Es liegt doch ganz offenbar gerade umgekehrt so, daß die Einrede der Rechtshängigkeit nur begründet ist, wenn der andere Rechtsstreit schon zur Zeit der Klagerhebung anhängig war (Weismann a. a. O. IV 4). Mit anderen Worten: der für das Vorhandensein der Einrede der Rechtshängigkeit maßgebende Zeitpunkt ist grundsätzlich der der Klagerhebung, nicht der des Urteils. Daß bei nachträglichem Wegfall der Rechtshängigkeit auch die Einrede entfällt, ist ein Fall nachträglicher Heilung eines anfänglich vorhandenen Mangels, aber nicht eine Folge davon, daß für das Durchgreifen der Einrede der Rechtshängigkeit grundsätzlich der Zeitpunkt des Urteils maßgebend ist. Wäre es anders, so müßte es genügen, daß der andere Rechtsstreit zur Zeit des Urteils anhängig ist (etwa weil in ihm selbst die Einrede der Rechtshängigkeit nicht erhoben wurde). Es ist nicht zweifelhaft, daß Hellwig diese Konsequenz nicht ziehen würde. Aber dann ist aufs neue erwiesen, daß der für das Vorhandensein der allgemeinen prozessualen Klagevoraussetzungen maßgebende Zeitpunkt nicht prinzipiell anders bestimmt werden kann als der für das Vorhandensein der Klageerhebungserfordernisse maßgebende.

sofern es sich eben um Voraussetzungen handelt, die nicht nur die Gültigkeit einer einzelnen Prozeßhandlung, sondern grundsätzlich des ganzen Verfahrens bedingen. So wird z. B. ein Sachurteil unmöglich, wenn nachträglich der Rechtsweg oder die Prozeßart unzulässig werden[1]); wenn der Beklagte nachträglich Exterritorialer wird; wenn die Parteien nachträglich einen Schiedsvertrag schließen; wenn die Voraussetzungen der Last, Sicherheit für die Prozeßkosten zu leisten, nachträglich entstehen (Z.P.O. § 111), und die Sicherheit nicht geleistet wird; ja, wenn die Einrede der mangelnden Kostenerstattung (Z.P.O. § 271 Abs. 4) nachträglich die Einrede der Rechtshängigkeit ablöst, weil die erste Klage erst nach Erhebung der zweiten zurückgenommen wird[2]). Wie lange der nachträgliche Wegfall einer anfänglich vorhandenen Sachurteilsvoraussetzung sachurteilshindernd wirkt, hängt von ihrer Natur ab. Der Zeitpunkt, welcher der letzte kritische für das Vorhandensein des materiellen Tatbestandes und der spezifischen Rechtsschutzvoraussetzungen ist, der Schluß der letzten Tatsachenverhandlung, ist es nur ausnahmsweise auch für diejenigen Sachurteilsvoraussetzungen, welche grundsätzlich die Gültigkeit des ganzen Verfahrens bedingen. Vielmehr hindert regelmäßig noch der in der Revisionsinstanz eintretende Wegfall einer Sachurteilsvoraussetzung den Erlaß eines Sachurteils[3]).

An sich gilt nichts anderes, d. h. es entfällt die Möglichkeit eines Sachurteils, wenn nachträglich die Partei-, die Prozeßfähigkeit oder die gesetzliche Vertretungsmacht wegfallen. In der Tat wird diese Konsequenz vielfach für den Fall des Erlöschens einer juristischen Person gezogen, sofern hier keine

---

[1]) Z. B. durch Konfliktserhebung einerseits, Verlust einer zum Beweis für die anspruchsbegründenden Tatsachen erforderlichen Urkunde andererseits. Über nachträglich durch Änderung der Gesetzgebung eintretende Unzulässigkeit vgl. oben S. 147 Anm. 4.
[2]) Vgl. Weismann, Lehrb. I, § 89 IV 6.
[3]) Vgl. oben S. 147, 148. Entsprechendes gilt, wenn der nachträgliche Wegfall einer Sachurteilsvoraussetzung auf eine Änderung der Gesetzgebung zurückzuführen ist; vgl. oben S. 147 Anm. 4. Als Beispiel einer an sich die Gültigkeit des ganzen Verfahrens bedingenden Sachurteilsvoraussetzung, deren Fortfall indessen nach der letzten Tatsachenverhandlung nichts mehr schadet, diene die zum Beweis einer anspruchsbegründenden Tatsache im Urkundenprozeß erforderliche Urkunde; vgl. dazu oben S. 148 Anm. 2; ferner im Strafprozeß der Strafantrag (vgl. hierüber Näheres bei Goldschmidt, Dtsch. Jurist.Ztg. XVII 1317 zu Anm. 4).

Gesamtnachfolge eintritt[1]). Regelmäßig vermeidet aber das Gesetz in diesen Fällen die Prozeßabweisung, indem es Unterbrechung des Verfahrens eintreten läßt. Daraus darf nicht der Schluß gezogen werden, daß der für das Vorhandensein dieser Voraussetzungen maßgebende Zeitpunkt nur der der Klagerhebung, nicht der des Urteils sei[2]). Wir haben es vielmehr nur zu tun mit einem gesetzlichen Ausweg, die durch den nachträglichen Wegfall der Partei-, Prozeßfähigkeit oder gesetzlichen Vertretungsmacht an sich gegebene Notwendigkeit der Prozeßabweisung zu vermeiden[3]).

Anders steht es dagegen in der Tat mit der gerichtlichen Zuständigkeit. Hier ordnet die Z.P.O. § 263 Ziff. 2 ausdrücklich an, daß die zur Zeit der Klagerhebung vorhandene Zuständigkeit des Prozeßgerichts durch eine nachträgliche Veränderung der sie begründenden Umstände nicht berührt werde. Hier ist mithin allerdings der für das Vorhandensein der Zuständigkeit maßgebende Zeitpunkt der der Klagerhebung. Wenn indessen Hellwig[4]) daraus ein allgemeines Prinzip für die von ihm sog. Klagerhebungserfordernisse herleiten will, so kann dem nicht zugestimmt werden. Es trifft weder für die Prozeßfähigkeit, noch für die gesetzliche Vertretungsmacht, geschweige denn für die Zulässigkeit der Prozeßart zu. Die perpetuatio judicii ist ganz singulärer Natur, historisch als Rest der perpetuierenden Wirkungen der litis contestatio zu erklären: Ubi coeptum est semel judicium, ibi et finem accipere debet[5]).

Wieder anders ist es schließlich zu erklären, daß die Prozeßvollmacht nur zur Zeit der Klagerhebung vorhanden zu sein braucht, damit ein Sachurteil ergehen kann. Die Prozeßvollmacht ist, im Gegensatz zu den oben erwähnten Voraussetzungen, überhaupt keine solche, die an sich während des ganzen Prozesses da sein müßte, damit ein Sachurteil möglich wäre. Sie ist nämlich Sachurteilsvoraussetzung nur insoweit, als sie die Gültigkeit der Klagerhebung bedingt, nicht anders als die Erfordernisse für Inhalt und Zustellung der Klageschrift. Tritt ein falsus procurator erst im Laufe des Prozesses auf, so ergeht gegen die

---

[1]) Vgl. oben S. 150 Anm. 2.
[2]) So Hellwig, System I, § 127 IV 1b; aber auch Weismann a. a. O. IV 7.
[3]) So schon treffend R. Schmidt, Lehrb. § 108 I a. E., S. 686, 687.
[4]) System I, § 127 IV 1b.
[5]) Vgl. Wetzell, System des ordentlichen Zivilprozesses, 3. Aufl., § 39 hinter Anm. 14, § 14 Anm. 58.

nicht vertretene Partei Versäumnisurteil zur Sache, niemals aber Prozeßabweisung. —

Die bis in die Einzelheiten hinein verfolgte Untersuchung des für die Sachurteilsvoraussetzungen maßgebenden Zeitpunktes lehrt, daß hier ein grundsätzlicher Unterschied zwischen den von Hellwig sog. allgemeinen prozessualen Klagevoraussetzungen und den von Hellwig sog. Klagerhebungserfordernissen nicht besteht. Für sie alle ist grundsätzlich maßgebend der Zeitpunkt der Vornahme derjenigen Prozeßhandlung, deren Gültigkeit sie bedingen. Ganz anders bezüglich der von Hellwig sog. besonderen prozessualen Klagevoraussetzung, dem **Rechtsschutzgrund**. Er muß in der Tat zur Zeit des Urteils da sein. Das müssen unstreitig aber auch die **materiellen Klagevoraussetzungen**. Der für sein Vorhandensein maßgebende Zeitpunkt ist also nicht nur — was offensichtlich ist[1]) — kein Merkmal, welches den Rechtsschutzgrund, zusammen mit den allgemeinen prozessualen Klagevoraussetzungen, in einen gemeinsamen Gegensatz zu den materiellen Klagevoraussetzungen bringen könnte. Er ist überhaupt kein Bindeglied zwischen dem Rechtsschutzgrund und den allgemeinen prozessualen Klagevoraussetzungen. **Ja, er bringt gerade umgekehrt den Rechtsschutzgrund, zusammen mit dem Tatbestand, in einen gemeinsamen Gegensatz zu den allgemeinen prozessualen Klagevoraussetzungen.**

IV.

Und endlich hält auch das letzte Bindeglied, das nach Hellwig den Rechtsschutzgrund und die allgemeinen prozessualen Klagevoraussetzungen verbinden soll, nicht stand. Dieses letzte Bindeglied soll sein, daß bei beider Mangel **Sachabweisung** wegen **Unzulässigkeit**, d. h. weder **Prozeßabweisung**, wie bei Mangel von **Sachurteilsvoraussetzungen**, noch Abweisung als **unbegründet** bezüglich der **Hauptsache** zu erfolgen habe[2]). Aber es soll hier vorderhand ganz dahingestellt bleiben, ob das **Sachurteil** bei Mangel des Rechtsschutzgrundes ein anderes zu sein hat als bei Mangel des Tatbestandes, und auch, ob das **Prozeß**urteil bei Mangel einer allgemeinen prozessualen Klagevoraussetzung ein anderes

---

[1]) Vgl. oben S. 146 hinter Anm. 3.
[2]) Vgl. oben S. 145, 146.

zu sein hat als bei Mangel einer sonstigen Sachurteilsvoraussetzung¹). Auf jeden Fall ist das bei Mangel einer allgemeinen prozessualen Klagevoraussetzung ergehende Urteil **kein Sachurteil**²), sondern eben ein **Prozeßurteil**. Wer ein Urteil, welches die Klage wegen „**prozeßhindernder Einreden**" (wie Unzulässigkeit des Rechtsweges, Schiedsvertrag, Rechtshängigkeit, mangelnde Sicherheit für die Prozeßkosten, Nichterstattung der Kosten eines früheren Verfahrens, Parteiunfähigkeit) abweist, ein **Sachurteil** nennt, setzt sich jedenfalls in Gegensatz zu unserer Prozeßordnung³). „**Sachabweisung als unzulässig**" ist ohnehin ein Widerspruch in sich.

Entfällt danach jedes Bindeglied zwischen dem Rechtsschutzgrund, d. i. den spezifischen Rechtsschutzvoraussetzungen, und den allgemeinen prozessualen Klagevoraussetzungen Hellwigs, und damit jedes Bindeglied zwischen den spezifischen Rechtsschutzvoraussetzungen und den Prozeß- oder Sachurteilsvoraussetzungen überhaupt, so fällt andererseits tatsächlich jede Scheidewand zwischen den spezifischen Rechtsschutzvoraussetzungen und der unstreitig **materiellen Klagevoraussetzung**, dem **Tatbestand**⁴). Zwar Hellwig will bei Mangel des Rechtsschutzgrundes nur **Sachabweisung wegen Unzulässigkeit**, bei Mangel des Tatbestandes dagegen **Abweisung als unbegründet bezüglich der Hauptsache** ausgesprochen wissen. Und R. Schmidt⁵) spricht sogar Urteilen, welche auf Sachabweisung wegen Mangels der spezifischen Rechtsschutzvoraussetzungen erkennen, die materielle Rechtskraft ab⁶). Indessen R. Schmidt

---

¹) Für Hellwig in diesem Punkte Goldschmidt, Materielles Justizrecht, Anm. 93, aber auch zu den Anm. 309, 310 das. (in Ansehung der Hellwigs allgemeinen prozessualen Klagevoraussetzungen an die Seite gestellten prozessualen Strafrechts- oder Verfolgbarkeitsvoraussetzungen).

²) So schon Goldschmidt, Mater. Justizr., Anm. 93, 306, zu Anm. 294

³) Vgl. hierzu besonders Stein, Voraussetzungen, S. 22 ff.

⁴) Vgl. oben S. 144 Anm. 3.

⁵) Lehrb., §§ 115, 121 II b 3, S. 722, 750.

⁶) Ebenso, konsequent ihrer oben S. 142 Anm. 5 zitierten Auffassung, Seuffert, Komment. 8 zu § 322; wohl auch Reichel, Unklagbare Ansprüche, a. a. O., S. 91; ferner Kleinfeller, Gegenstand der Rechtskraft, S.A. aus d. Festg. f. Wach, 1913, S. 33. Seuffert a. a. O. meint, seine Ansicht, das Gericht könne in dem zweiten Prozeß über das Rechtsschutzbedürfnis trotz gleicher Sachlage anders entscheiden als im ersten Prozeß, begründe sich schon aus der Erwägung, daß „der in der zweiten Klage erhobene Rechtsschutzanspruch nicht identisch ist mit dem zurückgewiesenen Rechtsschutzanspruch der ersten Klage". Aber entweder fällt Seuffert hier dem

muß selbst zugeben, daß die gegenteilige Anschauung zurzeit in Theorie und Praxis im Vordringen begriffen sei[1]). Und in der Tat muß eine Zeit, die sogar **Prozeß**urteilen materielle Rechtskraft beilegt[2]), erst recht **allen Sach**urteilen materielle Rechtskraft beilegen. Hellwigs „**Sach**abweisung als **unzulässig**" aber hängt zunächst einmal mit der oben bereits zurückgewiesenen Verquickung der spezifischen Rechtsschutz- und der allgemeinen prozessualen Klagevoraussetzungen zusammen. Der Terminus zeigt schon äußerlich, daß er nicht zusammengehörige Elemente zu vereinigen bestimmt ist[3]). Der **früher** von **Hellwig**[4]) für die Abweisung wegen Mangels einer prozessualen Klagevoraussetzung vorgeschlagene Ausdruck: „**Abweisung zur Zeit**" paßte für die **Sach**abweisung wegen Mangels des **Rechtsschutzgrundes** viel besser[5]). Aber auch er hatte Bedenken wider sich. Solche Bedenken waren einerseits die bereits von Hellwig selbst treffend hervorgehobenen[6]), daß auch die Abweisung als **unbegründet** bezüglich der **Hauptsache** „das eingeklagte Recht nicht auf alle Zeiten, sondern nur für die letzte Tatsachenverhandlung verneint". Solche Bedenken waren aber andererseits — und zwar noch weit stärkere —, daß die Abweisung wegen Mangels des Rechtsschutzgrundes durchaus nicht immer eine Abweisung „auf Zeit" zu sein braucht,

---

Doppelsinn des Ausdrucks „Anspruch" (= Recht oder Rechtsbehauptung; darüber Hellwig, System I, § 2 Anm. 4, § 17 Anm. 1) zum Opfer, oder er nimmt „Rechtsschutzanspruch" im Sinn von „abstraktem Klagrecht (Klagmöglichkeit)". Der auf dieselben Voraussetzungen gestützte Rechtsschutzanspruch kann kein neuer Rechtsschutzanspruch sein.

[1]) A. a. O. S. 750 Anm. 2. Vgl. denn auch R.G. E.Z. XLI 64, 371; anders freilich R.G. E.Z. XXXIII 419 (aber nur infolge der unrichtigen Vorstellung, daß bei der Arrestklage die Glaubhaftmachung zum Klagegrunde gehöre; vgl. Stein, Komment. bei Anm. 55 zu § 922; übrigens auch R.G. E.Z. VIII 360).

[2]) Stein, Komment. IV 1 zu § 322; Hellwig, System I, § 231 II 3.; dagegen neuestens Kleinfeller a. a. O. S. 22 ff.

[3]) Vgl. oben S. 157 hinter Anm. 3.

[4]) Lehrb. I 162; Klagrecht u. Klagmöglichkeit, S. 64.

[5]) Es ist doch ganz unannehmbar, z. B. die Klagabweisung wegen Stundung eine Abweisung „als unzulässig" zu nennen (so Hellwig, System I, § 102 I 2b). Abweisung „als unzulässig" ist stets **Prozeß**abweisung. Für die **Prozeß**abweisung wegen Mangels einer allgemeinen prozessualen Klagevoraussetzung eignet sich daher wiederum der Ausdruck „Abweisung als **unzulässig**" besser. Vgl. darüber bereits Goldschmidt, Mater. Justizrecht. Anm. 93, aber auch bei den Anm. 309, 310.

[6]) Klagrecht und Klagmöglichkeit, S. 64 Anm. 21.

sondern sehr wohl eine Abweisung „auf immer" sein kann. Wer trotz B.G.B. § 1297 auf Eingehung der Ehe, trotz B.G.B. § 737 Satz 3 auf Ausschließung eines Gesellschafters der bürgerlich-rechtlichen Gesellschaft klagt, wird „auf immer" abgewiesen, obgleich nur spezifische Rechtsschutzvoraussetzungen fehlen.

Bestehen danach aber auch gegen die Sachabweisung „zur Zeit" Bedenken, so ist überhaupt der ganze Wert der Unterscheidung von Sachabweisung wegen Mangels der spezifischen Rechtsschutzvoraussetzungen und wegen Unbegründetheit bezüglich der Hauptsache ein zweifelhafter. Die Unterscheidung beruht auf dem Gedanken, daß die „Hauptsache" von Prozeß und Urteil ein privater „Anspruch" oder wenigstens ein privates Recht sei. Aber dieser Gedanke trifft wiederum nur für den römischen, nicht für den deutschen und den modernen Prozeß zu. Wie man mit den Prozeßvoraussetzungen als Voraussetzungen des **Prozeßverhältnisses** und der Beschränkung der materiellen Rechtskraft auf Urteile „zur Hauptsache", als mit Reminiszenzen aus der romanistischen Prozeßauffassung, brechen muß, so auch mit dem privaten Anspruch oder Recht als der „Hauptsache" des Prozesses und des Urteils. Kennt doch gerade **Hellwig** sogar sog. „Prozeßprozesse", d. h. Prozesse mit ausschließlich prozessualem Prozeßgegenstand[1]). Und jedenfalls gibt es eine Reihe von Prozessen, deren Gegenstand **nur der Rechtsschutzanspruch selbst** und keinerlei privates Recht ist[2]). Es sind die, deren Gegenstand ein Rechtsschutzanspruch ist, dem kein privates Recht zugrunde liegt, wie das Gestaltungsklagerecht und das Recht, auf Duldung der Zwangsvollstreckung zu klagen[3]). In diesen Prozessen besteht auf alle Fälle zwischen Sachabweisung wegen Mangels einer spezifischen Rechtsschutzvoraussetzung und zwischen Sachabweisung wegen Mangels des Tatbestandes mindestens kein qualitativer Unterschied, mutatis mutandis[4]) so wenig, wie zwischen Strafurteilen, die wegen

---

[1]) System I, § 106. Es ist daher eine Inkongruenz, wenn Hellwig der Überschrift des § 100 seines Systems „Der Prozeßgegenstand" in Klammer beifügt „privatrechtliche Klagevoraussetzung" und in dem § 100 unter III das. als mögliche Prozeßgegenstände auch publizistische Verhältnisse aufführt. Über die „Prozeßprozesse" vgl. oben S. 139 Anm. 6.

[2]) Daß, soweit dem geltendgemachten Rechtsschutzanspruch ein Privatrecht zugrunde liegt, dieses Prozeßgegenstand ist, darüber vgl. Mater. Justizr. zu Anm. 211 und die in dieser Anmerkung Zitierten.

[3]) Vgl. oben I. Beitrag, S. 136, 137.

[4]) Vgl. sofort unten S. 160 bei Anm. 4.

Mangels einer Bedingung der Strafbarkeit, und solchen, die wegen Mangels eines Tatbestandsmerkmals freisprechen[1]). Aber selbst in Prozessen, deren Gegenstand wirklich ein privates Recht ist, dürfte, schon wegen des oben[2]) nachgewiesenen oft unlöslichen Zusammenhanges des Tatbestandes mit den spezifischen Rechtsschutzvoraussetzungen, nichts anderes gelten. Freilich die **Tragweite** der Urteilswirkung ist in **allen** Fällen bei Sachabweisung wegen Mangels einer spezifischen Rechtsschutzvoraussetzung eine andere als bei Sachabweisung wegen Mangels des Tatbestandes[3]). Darin unterscheiden sich die abweisenden Sachurteile im Zivil- und Strafprozeß[4]). Grund ist, daß im Zivilprozeß die **positive** Wirkung der materiellen Rechtskraft anerkannt ist, während der Strafprozeß, in dem Verfolgungsrecht und Anspruch **stets** zusammenfallen, in dem die Passivpartei des ersten Prozesses auch in einem zweiten Prozeß nie zur Aktivpartei werden kann, und in dem — last not least — die Untersuchungsmaxime herrscht[5]), an der **negativen**, jede zweite Verfolgung ex eodem facto ausschließenden Wirkung der materiellen Rechtskraft festhält[6]). Diese Verschiedenheit der Tragweite der Urteilswirkung bei Sachurteilen, welche wegen Mangels einer spezifischen Rechtsschutzvoraussetzung, und solchen, welche wegen Mangels des Tatbestandes abweisen, ist aber keine qualitative[7]). Sie besteht auch innerhalb von Urteilen, die wegen

---

[1]) Vgl. darüber Goldschmidt, Mater. Justizr., Anm. 306 unter a.
[2]) S. 140, 141.
[3]) Stein, Voraussetzungen, S. 25. Mit Recht hat daher R.G. E.Z. XLI 371 es für unstatthaft erklärt, eine Feststellungsklage **sowohl** wegen Mangels des Feststellungsinteresses **als auch** wegen Nichtbestehens des festzustellenden Rechts abzuweisen; vgl. darüber Stein, Komment. bei Anm. 56 und unter III zu § 256; Reichel, Unklagbare Ansprüche, S. 95.
[4]) Goldschmidt, Mater. Justizr., Anm. 306 unter a.
[5]) Außerordentlich charakteristisch ist, daß § 616 Z.P.O. auf dem Gedanken der negativen, konsumierenden Wirkung der materiellen Rechtskraft beruht. In der Tat ist in den durch § 616 betroffenen Prozessen Prozeßgegenstand ein Klagrecht **ohne** Anspruch, ein Gestaltungsklagrecht, und die Parteien haben eine Freiheit in der Geltendmachung neuer Tatsachen und Rechte, die über die entsprechende **strafrichterliche** Freiheit auf Grund der Untersuchungsmaxime noch weit hinausgeht (§§ 614, 615 Z.P.O.).
[6]) Über die Verschiedenheit der Tragweite der materiellen Rechtskraft im Zivil- und Strafprozeß vgl. ausführlich Goldschmidt, Mater. Justizr., S. 42 ff.
[7]) Im Mater. Justizr., Anm. 306 unter a und Anm. 93, habe ich noch, im Anschluß an Hellwig, für den Zivilprozeß an dem Unterschied von Sach-

Tatbestandsmangels abweisen. So ist die Tragweite eines den Erbrechtsprätendenten abweisenden Urteils eine andere, wenn ihm jedes Erbrecht, eine andere, wenn ihm nur das testamentarische Erbrecht abgesprochen ist[1]). Die Tragweite ist eine andere, wenn die Klage wegen Erlöschens der Klagforderung oder wegen Ausübung eines peremtorischen Einrederechts abgewiesen ist[2]). Und, wer der Substanzierungstheorie huldigt, wird die Tragweite eines den Eigentumsprätendenten abweisenden Urteils ganz verschieden bewerten, je nachdem, welche und wieviel Eigentumserwerbsgründe das Urteil verneint[3]). —

Danach ist das Ergebnis der Untersuchung: Die prozessuale Behandlung der spezifischen Rechtsschutzvoraussetzungen (Rechtsschutzfähigkeit des Tatbestandes und Rechtsschutzbedürfnis) ist eine von der der Sachurteilsvoraussetzungen — einschließlich der allgemeinen prozessualen Klagevoraussetzungen Hellwigs — **völlig verschiedene**. Dagegen ist sie eine der prozessualen Behandlung des Tatbestandes so gut wie **völlig gleiche**. Es dürfte der Schluß nicht voreilig sein, daß den gleichen Wirkungen auch gleiche Ursachen entsprechen: Rechtsschutzfähigkeit und Rechtsschutzbedürfnis sind genau so materiellrechtliche Voraussetzungen wie der Tatbestand selbst. Da sie aber unzweifelhaft publizistischer Natur sind, ebenso wie der Tatbestand in seiner Eigenschaft als Voraussetzung des Rechtsschutzanspruches, so zwingen sie zu der Kategorie eines materiellen öffentlichen Rechts, eben des **materiellen Ziviljustizrechts**.

---

abweisung „zur Zeit" (wegen Mangels des „Rechtsschutzgrundes") und als unbegründet in der „Hauptsache" (wegen Tatbestandsmangels) festgehalten.

[1]) Vgl. Hellwig, System I, § 114 III 3d.
[2]) Vgl. Langheineken, Anspruch u. Einrede, 1903, S. 347 ff.
[3]) Vgl. Stein, Komment. hinter Anm. 155 zu § 322, Anm. 29 zu § 253.

Printed by Libri Plureos GmbH
in Hamburg, Germany